稲村 悠

企業インテリジェンス

組織を導く戦略的思考法

講談社+α《プラスアルファ》新書

はじめに

「インテリジェンス」という言葉を聞いて、皆さんはどんなことを思い浮かべるでしょうか。

スパイなどによる諜報活動をイメージする人が多いかもしれません。実は、日本の戦国時代では、忍者が諜報活動を行っていたことがよく知られています。「乱波《らっぱ》・透波《すっぱ》」と呼ばれる忍者たちは、行商人や町民に偽装して敵勢に関する情報収集を行っていました。桶狭間の戦い（一五六〇年）では、圧倒的な兵力の差で劣勢と見られていた織田信長が、奇襲をかけて今川義元の首を討ちとったのですが、その裏では、織田信長側の忍者が、今川義元の動静に関する情報を収集して形勢を逆転したとされています。その後、悲惨な歴史である世界大戦においても、電波傍受など軍事面でインテリジェンスを活用した活動が展開されました。これらは、いわゆる秘匿された活動＝ウラの活動であるのは言うまでもありません。

それに対して、企業で行われるインテリジェンスは、当然のことながらオモテの世界で使われています。最近では、日本企業の中でもインテリジェンスの重要性が指摘されるようになりました。特に、想定されるリスクに備えるためのインテリジェンスです。

世界情勢の激変で今、注目されているリスクの一つが経済安全保障リスクです。米国で第一次トランプ政権が発足した二〇一八年以降、米国と中国の対立が激しくなったことで、日本企業も半導体不足に陥るなどのリスクに直面しました。さらに、新型コロナウイルス感染症の世界的流行で、マスク不足に陥り、マスクさえ自国で賄えないのかと、戦略的自律性の重要性について身をもって知らされました。今後、米中関係が劇的に改善することは見込めず、世界情勢も混沌とする中で、経済安全保障リスクは日本企業にとって最大の関心事にならざるを得ません。目下、日本にとっては、米中関係だけではなく、「トランプ２・０」が最大の懸案事項になっていると感じます。

その経済安全保障リスクと密接に関与するのが地政学リスクです。特定の地域が抱える政治的、軍事的、社会的な緊張などがもたらすリスクのことで、ロシアによるウクライナ侵攻や、イスラエルによる大規模攻撃が行われた中東情勢などが挙げられます。この二つの軍事的緊張による影響を受けている日本企業はかなりの数に上るでしょう。

現在、世界は戦後最も厳しい国際情勢に直面していると言われています。これは、残念ながら、日本企業にとって地政学リスクが重大なリスクとして定着することを意味しています。こうしたリスクに対応するために、インテリジェンス体制を社内に構築する企業が日本でも出てきました。その流れが加速しているのが二〇二五年二月現在の状況です。

ただ、インテリジェンスを導入している企業の皆さんの多くは、こう思っているかもしれません。

「インテリジェンスって使えるの？」

各ツールを使ってリスク情報を収集する担当者。リスク情報をメールなどによって社内に知らせる担当者。これらの情報を受け取る経営者、管理職、社員。誰もがインテリジェンスは重要だとは言うものの、情報から漫然と何かを判断しているだけだったり、上司に言われて何となくやっていたり、情報や分析が届けられたほうも、斜め読みして済ませていたりしているのが実態のように見受けられます。「こんなことを続けていて、本当に意味があるのか」と思っている人は少なくないと、企業の関係者から話を聞く中で感じています。

インテリジェンスを扱う場合に必要なのは、まずはインテリジェンスの概念を正しく理解することです。

では、インテリジェンスとは何か。私は「示唆と打ち手を導く知」であると定義しています。インテリジェンスとは、単なる「情報」ではないのです。

たとえば、ある飲食チェーン店で、過去一年間のデータを分析した結果、次のような情報が得られました。

・平日の昼間には主にサラリーマンが訪れる。
・特定の商品（例：チキンバーガー）は平日の夜に売り上げが高い。

これは、店舗が持っている「事実」や「傾向」を整理した情報です。この情報を基に、次のような示唆と打ち手を導き出します。

・平日の昼間にランチセットを割引提供することで、さらにサラリーマンの利用を促進する。
・チキンバーガーの売り上げが高い時間帯（平日の夜）に合わせて、関連商品（ドリンクやポテト）のセット販売を促進する。

つまり、単なる情報から引き出された、どうすればいいのかと呼びかけている「示唆」と、どう行動すればいいのかについて示した「打ち手を導く知」、それがすなわちインテリジェンスなのです。

テレビや新聞、インターネットなどで日々触れているニュースも、インテリジェンスになり得ます。二〇二二年二月にロシアがウクライナに侵攻したことを伝えたニュースは、一般的な視聴者や読者にとっては情報の一つに過ぎませんでした。しかし、海外にサプライチェーンを持つような企業にとっては他人事ではありません。企業のインテリジェンス部門は、この侵攻によって自社にどのような影響が出るのかを、急いで分析しなければなりません。分析した結果、会社がすぐに対応すべき行動について「示唆」と「打ち手」が生まれます。経営者が意思決定をできるレベルまで昇華させていれば、一つの情報に過ぎなかったニュースから、インテリジェンスが作成されたことになります。

念のため申し添えると、日本語の場合、「情報」の言葉の意味には注意が必要です。「情報」の英訳である「ｉｎｆｏｒｍａｔｉｏｎ」は、状況や人物、出来事などについて何かを伝える事実や詳細を意味しています。一方、日本語の「情報」には、別の意味も含まれます。『広辞苑』（第六版）で調べると、「あることがらについてのしらせ」と、「判断を下したり行動を起こしたりするために必要な、種々の媒体を介しての知識」の二つの意味がありま す。後者には「示唆」が含まれていると考えられます。

本書では混乱を避けるために、「情報」を英語の「ｉｎｆｏｒｍａｔｉｏｎ」と同じように扱って、「示唆」を含まないものとし、インテリジェンスと区別して話を進めます。

インテリジェンスの正しい理解の次に必要なのは、インテリジェンス・サイクルを正しく知ることです。

インテリジェンス・サイクルとは、戦略の立案や課題解決のために、組織のトップ層が「情報要求」＝つまり正しく課題を設定することでインテリジェンスの生成を命じ、その答えを導くものを見つけていくプロセスを指します。生成されたインテリジェンスを分析し、さらに次のインテリジェンスを生み出すべくフィードバックしていく。そのサイクルを繰り返すことによって、より適切な対応ができます。活用できるのは、リスクへの対応といった「守り」だけではありません。新たなビジネスを創出するなど、経営戦略を実現する「攻め」のために使うこともできます。

日本でも、経済安全保障などへの対応に、インテリジェンス・サイクルの考え方を取り入れている企業は存在します。にもかかわらず、必要性が今一つ認識されにくいのは、インテリジェンス・サイクルを正しく知らないからだと私は実感しています。たとえば、経営企画部門でも、インテリジェンス・サイクルに類似したプロセスが行われていますが、インテリジェンス・サイクルが持つ有益性を今一つ咀嚼しきれていないように感じます。

企業の取締役会に対して経営やガバナンスについて高度なアドバイスを行うコンサルタン

トに話を聞きました。このコンサルタントは、「確かに、経営企画などの部署で普段から行われている情報の収集・分析・提供などのプロセスは、ある意味ではインテリジェンス・サイクルが意図する活動そのものであり、そもそもインテリジェンス・サイクルという言葉をわざわざ用いることの必要性に違和感を持つ人も少なくないでしょう」と話します。

続けて、「ただし、こうした普通の活動の中で抜け落ちがちなのが〝適切な情報要求〟の視点です。インテリジェンス・サイクルはその重要性を指摘しています。普段の活動の質を向上させる思考のフレームを提供することにインテリジェンス・サイクルの価値があるのではないでしょうか」とインテリジェンス・サイクルの存在意義について語ってくれました。

私は、さらに、インテリジェンス・サイクルが持つ「情報要求の適性化」に加え、「情報の効果的な収集と分析」「継続的な評価とフィードバック」という厳密なプロセス管理が、経営層の意思を明確にし、不明瞭であった意思決定プロセスとコミュニケーションプロセス、情報過多に対する情報処理プロセスを整理し、フワフワとぼやけていた企業の意思決定プロセスをハッキリさせると考えます。そして、インテリジェンス・サイクルを正しく理解し、実装することで従来の活動以上に組織としての胆力を生み出し、組織的リスクを低減し、迅速かつ的確な意思決定を可能にする枠組みとして機能させるのです。

そこで、インテリジェンス・サイクルを正しく実行していくために、何が必要なのか。何がボトルネックになり得るのか。それらを理解したうえで、企業においてインテリジェンス・サイクルを実行していくべきであると考えます。

本書でお伝えしたいのは、「企業が戦略を実現するためのインテリジェンス・サイクル」です。

第一章では、インテリジェンス・サイクルの基本と日本企業が抱える課題をつまびらかにします。

第二章では、新しいインテリジェンス・サイクルの形についてご紹介します。

第三章では、インテリジェンス・サイクルにおける重要な要素を示します。これは、本書で最も重要な部分でしょう。

第四章では、インテリジェンス・サイクルに必要な人材と能力についてご紹介します。

第五章では、「守り」のインテリジェンス・サイクル活用方法について検討しています。

第六章と第七章では、「攻め」の戦略を実現する手法を、インテリジェンス・アプローチと定義して、私が考える具体的な方法論を、専門家や現場で実践する企業関係者の見解も踏まえて提示します。その中では、企業が戦略を実現するための広報や、社会に新たなルールを形成するロビイング活動など、社会とのコミュニケーションを実現する方法も、実際の事例とともに解説していきます。

夥《おびただ》しい量の情報であふれ、変化のスピードが速い現在の状況では、戦略をもってインテリジェンス・サイクルを意識的に回すことができる企業と、インテリジェンス・サイクルに対して無意識な企業では、雲泥の差が生まれていくのは間違いありません。

本書が多くの企業にとって、インテリジェンス・サイクルを活用できるようになるための一助になればと考えています。

企業インテリジェンス　組織を導く戦略的思考法　目次

はじめに　3

第一章　日本企業のインテリジェンス・サイクルは機能しているか

インテリジェンス・サイクル――五つのプロセス　20

日本企業の八割は「独りよがりのインテリジェンス・サイクル」　26

企業のインテリジェンス担当者は悩んでいる　27

見えてきた課題は根深い　32

不適切な情報要求　戦略・理念の共有不徹底　フィードバック不足によるモチベーション低下　コミュニケーション不足による情報断絶

個人主義化　現代特有の情報過多がもたらす困難

第二章　新しいインテリジェンス・サイクルの形

新しいサイクルモデルは万能か？　42
ぼやけていた意思決定プロセスをハッキリさせる　46
アメーバ型インテリジェンス・サイクル　51
●コラム　同時多発テロを招いた米国の失敗と、旧日本軍の失敗　56

第三章　インテリジェンス・サイクルの成功を握る鍵

「信頼」を根底に据える　62
信頼を構築する責任は誰にある？　66
インテリジェンスは「経営資源」　69
情報収集の透明性確保　分析過程の公開と対話の重視　意思決定とフィードバックの透明性・組織文化への統合　心理的安全性の担保
情報が企業の成果に貢献する　77
●コラム　情報収集の手法「ＨＵＭＩＮＴ」とは　79

第四章　インテリジェンス・サイクルに必要な人材と能力

「課題設定」をおろそかにするな　84
求められる批判的思考　85
「具体的な問いを設定する能力」の獲得方法　88
迅速に意思決定に反映する能力　92
インテリジェンス担当者に必要な能力　93
情報収集能力　処理能力　示唆＝インテリジェンスを生成する能力
成果をわかりやすく伝えるコミュニケーション能力
インテリジェンス担当者を支援する取り組み　97
意思決定者・インテリジェンス担当者に要求される最重要要素
――「Need To Know」「Need To Share」「How To Share」　101
クリアランスの必要性　104
●コラム　情報収集の手法「HUMINT」に必要な要素とは　106

第五章 「守り」のインテリジェンス・アプローチ
リスク・インテリジェンス・サイクル

朝鮮半島有事によって企業が直面するリスク 113
リスク・インテリジェンス・サイクルの活用イメージ 117
サイクルの流れ　情報管理の重要性　外部ネットワークと内部連携
リーダーシップの強化と訓練の徹底
経済安全保障における技術流出対策 124
社員が抱える脆弱性を把握する 128
リスク・インテリジェンス・サイクルの応用 130
●コラム　情報収集の手法「COLLINT」とは 133

第六章 「攻め」のインテリジェンス・アプローチ
インテリジェンス・アプローチ①

インテリジェンス・コミュニケーションを用いた企業戦略の実現 137

自動運転技術に見る社会実装の難しさ 139
インテリジェンス・コミュニケーションの有用性 144
レピュテーションリスクに対して正しい発信をする 146
レプリコンワクチンをめぐる攻防 148
日本で広がらないインターナル・コミュニケーション 151
●コラム　公開情報から真実を暴く「ベリングキャット」 154

第七章 企業が主体となって社会を変える インテリジェンス・アプローチ②

インテリジェンス・フォー・パブリックアフェアーズとは 160
なぜコンビニで薬品を販売できるようになったのか 163
企業が実践できるインテリジェンス・アプローチ 167
負を受ける関係者とも関係を構築する 171
企業がパブリックアフェアーズをリードする 173

おわりに　178

あとがき　181

参考文献　183

付録1　インテリジェンスにおける情報取扱適格性チェックリスト　i

付録2　意思決定者向けレーダーチャート　x

インテリジェンス担当者向けレーダーチャート　xi

第一章　日本企業のインテリジェンス・サイクルは機能しているか

インテリジェンス・サイクル——五つのプロセス

まず、本書のテーマである「インテリジェンス・サイクル」について理解していきましょう。

インテリジェンス・サイクルとは、情報活動や諜報活動において使用される標準的なプロセスを指します。この概念は、情報機関や学術界で進化してきたもので、特にアメリカの情報機関（CIAやNSAなど）で広く用いられてきました。第二次世界大戦後の冷戦時代において情報活動が整理・体系化される中で、現代のインテリジェンス・サイクルが定義されました。アメリカ情報機関で活動した学者や実務家が概念構築に寄与した、軍事戦略や諜報活動における実務の中から生まれたモデルとなります。

基本的には、以下のプロセスが踏まれます（図1参照）。

・情報要求（Requirements）
・収集（Collection）
・処理（Processing）

・分析（Analysis）
・報告・配布（Dissemination）

最初のステップは「情報要求（Requirements）」です。ここでは、組織が解決すべき課題や、解明すべき疑問点、意思決定に必要な情報などを明確化します。

図1　インテリジェンス・サイクル

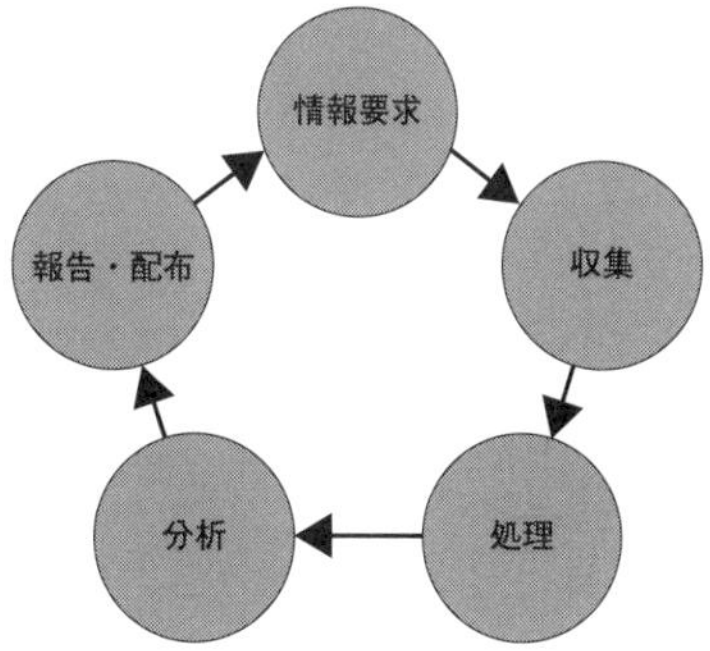

企業では、経営陣や事業部門のリーダーが「どの市場領域での競合調査が必要か」「どの技術領域の動向をウォッチすべきか」「将来どのような規制リスクを想定すべきか」などの要求を設定します。

ここで重要なのは、曖昧な質問や目的ではなく、具体的かつ測定可能な要件を設定することです。「最新技術の動向を知りたい」だけでは広すぎて、後に行う収集や分析がうまく進まず、結局は意思決定に使えない断片的な情報の寄せ集めになる可能性が高くなります。そうではなく、「三年後までに製品化されるであろうA領域の技術情報をモニタリングし、それを踏まえた開発投資計画を検討するため、ベンチマークとしての競合企業を分析してほしい」といった具合に、定量的・定性的にある程度の枠組みをつくることが必要です。

次の段階は「収集（Collection）」です。設定された要件に基づき、適切な手段を用いて情報を集めます。国家の情報機関でいえば、ヒューミント（ＨＵＭＩＮＴ：human intelligence＝人的情報収集）、シギント（ＳＩＧＩＮＴ：signals intelligence＝通信・電波傍受）、イミント（ＩＭＩＮＴ：imagery intelligence＝画像解析）など、各種手段が用いられますが、企業が情報を集める場合は合法的かつ公的に入手可能な手段が中心となります。近年では公開情報を収集・分析するオシント（ＯＳＩＮＴ：open source intelligence）の手法がきわめて広範に活用され始めています。オシントでは、以下のソースを見ていきます。

・公的機関や規制当局のウェブサイト、公開資料
・経済新聞、業界誌、学会誌、オンラインニュース
・特許データベース、学術論文データベース
・ＳＮＳや企業プレスリリース、製品カタログ
・市場調査会社のレポート、コンサルティング会社の白書

・顧客や取引先へのインタビュー、アンケート
・競合他社のウェブサイト、採用ページ、求人情報

企業における情報収集では、これらのオシント的な手法が主力となりますが、必要に応じてフィールド調査や専門家へのインタビューも活用していきます。いずれの手法においても、情報の合法性と信頼性を担保しながら収集を行うことが重要です。

収集された情報は、そのままでは散らばった断片的なデータに過ぎません。それを効率的に管理し、分析し、意思決定に活用できる形に加工するプロセスが「処理（Processing）」と「分析（Analysis）」です。収集情報の重複やノイズを除去し、ソースごとの信頼度を評価し、情報の確度を高めます。また、統計分析、テキストマイニング、機械学習などの手法を用いて分析をするほか、専門家の知見を活かして、定性的に矛盾や抜け漏れを洗い出すようなことも行います。

企業の場合、ビッグデータ解析やデータサイエンスを駆使して大量の情報から示唆を得ることが一般化しており、これによって市場トレンドを予測し、需要予測を行い、リスクシナリオを立案するなど、戦略的な意思決定のインプットとして活用することが可能となります。分析の精度は、情報収集段階での「情報の質と量」に左右されるため、両者は綿密に連

動していく必要があります。

分析結果が得られたら、それを最終的に意思決定者へ提供する最終段階が「報告・配布(Dissemination)」です。報告書やプレゼンテーションなど、企業の文化や意思決定フローに合わせた形式で報告を行います。

ここでのポイントは、どのレベルの誰が、いつ、どのような形で情報を必要としているのかを正しく把握し、タイムリーに届けることです。タイムリーか否かは「適時性」と呼ばれますが、意思決定者のもとに意思決定をすべき当日に情報が共有されたのでは、まともな意思決定は行えません。また、いかに優れた分析を行ったとしても、それを的確に意思決定者へ伝達しなければ十分に活かされません。

企業組織内では、横断的な部門連携が求められるケースも多いのが実情です。たとえば、製造部門が得た新素材の情報は、研究開発部門だけでなく、調達や財務部門にも影響を与えます。従来の縦割り組織では、そうした横方向の情報共有がうまくいかない事例が少なくありません。そこで、インテリジェンス・サイクルの概念を組織内の情報共有モデルとして実装することで、必要な情報を社内で適切に流通させる仕組みとするのです。

インテリジェンス・サイクルの重要な肝として「フィードバック(Feedback)」が存在します。報告・配布された分析結果を実際に活用した際の成果や課題を検証し、必要に応じて次のサイクルでの要件定義や情報収集方法に反映させます。また、分析結果を受けた意思決定者から直接のフィードバックもあります。これにより、インテリジェンス・サイクルは一度きりの直線的なフローではなく、常に改善と補強が行われる循環モデルとして機能するのです。

よく、PDCAサイクルと同じではないかと指摘されます。一見すると「循環」という点で共通していますが、前提となる目的や運用領域、ステップごとの焦点が異なります。PDCAは「業務・品質の継続的改善」のためのフレームワークで、すべての業務活動を対象に、計画から改善までを繰り返すことでプロセス自体を高めていく方法論です。これに対してインテリジェンス・サイクルは「情報収集・分析・意思決定支援」のためのフレームワークで、国家の諜報機関や企業の情報分析部門などが、必要な情報を的確に入手・処理して組織の判断をサポートするために使われます。つまり、意思決定に寄与する、という点で明確な違いがあるのです。

では、インテリジェンス・サイクルを導入する企業の現場では、どのような声が聞こえてくるのでしょうか。

日本企業の八割は「独りよがりのインテリジェンス・サイクル」

経済安全保障を念頭に、日本企業におけるインテリジェンス・サイクルの取り組みについて現状を明らかにしたのが、KPMGコンサルティングとトムソン・ロイターが共同で実施した調査です。二〇二四年五月に発表された「地政学・経済安全保障リスクサーベイ」では、三二八社の日本企業が回答し、インテリジェンス・サイクルについて興味深いデータが確認されました。

まず、「情報収集・提供にあたって、他部門の関心・課題事項をヒアリング」しているかどうかの質問に対しては、「している」と答えた企業は一五・五%でした。これは、情報収集や配布段階に問題があるのではなく、情報要求の段階で既に「独りよがりのインテリジェンス・サイクル」が回されていることを示唆しています。また、「フィードバックを事業部門から受けたうえで、情報収集・分析活動を改善」しているかどうかについては、「している」と答えた企業は一一・三%でした。つまり、ほとんどの企業で循環していないのです。先の独りよがりのインテリジェンス・サイクルと連動していると言えるでしょう。

これらの回答が意味しているのは、インテリジェンス・サイクルが理解されておらず、インテリジェンス・サイクル自体が破綻しているということです。

独りよがりのインテリジェンス・サイクルは、活動の形骸化を生むほか、担当者のモチベーション、部門ごとの信頼関係に大きく影響します。特に、インテリジェンスの受け手である部門の関心・課題事項からずれたインテリジェンスが配布されても、受け手からしたら「ああ、そうですか」＝So What? になってしまいます。すると、受け手部門のインテリジェンスに対する関心はみるみる失われ、好意的なフィードバックを受けないインテリジェンス担当者のモチベーションは大きく低下するでしょう。「こんなことに意味があるのかな」とインテリジェンス・サイクルがどんどん形骸化していき、負のスパイラルに陥っていきます。この課題は、本書を読み進めていくうちに大きな課題となって重くのしかかってきます。

さらに、インテリジェンス・サイクルに取り組む企業からは、より生々しい声が聞こえてきました。

企業のインテリジェンス担当者は悩んでいる

「インテリジェンス・サイクルを導入しているつもりなんですが、どうもしっくりこないんですよ」

経済安全保障の部署を設置している日本の大手企業の担当者から、こんな呟きを聞いたのは二〇二四年一〇月のことです。

第一次トランプ政権下の二〇一八年以降、米国と中国の間で経済摩擦が本格化します。トランプ政権は中国の企業がイランや北朝鮮に半導体を輸出したことを理由に、この企業と自国企業の取引を停止すると、その後も中国企業に対して次々と経済制裁を科しました。

この米中対立に加えて、二〇二〇年からは世界中で新型コロナウイルス感染症が拡大しました。世界中でロックダウンや移動制限が実施され、工場の稼働停止や物流の遅延など、サプライチェーンが混乱しました。一方、在宅勤務やリモート学習の普及により、パソコンやタブレット、ゲーム機などの需要が急増しました。また、自動車メーカーがパンデミック中に需要減少を見越して半導体の注文を削減したところ、予想外に需要が回復したため注文を増やさざるを得なくなりました。その結果起きたのが、世界的な半導体不足です。半導体不足の影響は日本にも及びます。自動車産業で生産が滞り、新車の納期が大幅に遅れたのをはじめ、半導体に関係する企業は大きな打撃を受けました。

こうした経験をきっかけに、日本では二〇二〇年以降、大企業を中心に経済安全保障の専門部署を新設する動きが出てきました。

さらに、二〇二二年五月に「経済施策を一体的に講ずることによる安全保障の確保の推進に関する法律」、いわゆる経済安全保障推進法が制定されたことで、その動きが加速しています。先程のインテリジェンス担当者が所属する企業も、二〇二〇年以降に専門部署を立ち上げました。

担当者は部署が立ち上がった頃のことを、次のように振り返ります。

「経済安全保障に何らかの対応をしなければならないと課題を感じたことで、とりあえずインテリジェンス機能を構築しようと経済安全保障室が立ち上がりました。ただ、担当者としては、業務をはじめた頃は手探りでした。過去から現在までに起きた経済摩擦のさまざまな事象や、法令と規制を把握して、自社のビジネスとの関係を調べていきました。とにかく情報を収集して、どのような影響があるのかを探っていましたね」

この企業のインテリジェンス活動は、概ね次のような流れです。

最初に与えられたテーマについて公開情報を収集するとともに、官公庁などにネットワークを広げながら、グローバルな情報についても入手していきます。そして、集めた情報から、自社への影響を分析し、どのような対応を取ればいいのかについて「示唆」を出します。

最初の頃はそもそも情報の収集に大きな課題を感じていたようです。「ソースが多すぎて何の情報を見ればよいのかわからない」。これは情報過多の現代では当然の悩みになるのではないでしょうか。

さらに、「示唆を出すことの難しさを感じていた」と、担当者は明かします。

「収集した情報を分析して、どのような示唆を出せばいいのか、想像できていませんでした。米国が新たな法規制を打ち出した場合、この規制が自社に該当するかどうかは検討すればわかります。しかし、この規制による米中関係や、自社と中国の関係への影響までは、検討するところまで至りませんでした。そこまで踏み込むと、中国の動きを未来予測することにも感じるようで、『そんな分析が信じられるのか』といった反応を示す社員がいたのも事実です」

当初はこのような戸惑いがあったものの、さまざまな事案を扱う過程で、シナリオ分析の結果として分析の手法を関連部署に提示し、現在では社内から一定の信頼を得ているそうです。また、リスクだけでなく、課題からチャンスを探る動きもできるようになったと話していました。にもかかわらず、この担当者が今でも「しっくりこない」と話すのは、どのような理由からなのでしょうか。

担当者は原因が「自社の内部にある」と感じています。その一つに、経営陣と経済安全保障室との間で、戦略や方向性が十分に共有されていないことを挙げました。

「自社の経営陣が何を考えているのか、よくわからないんですよね。戦略や方向性はある程度示されているものの、何を実現したいのかが細かい点まで共有されていません。そもそも、経営陣からの要求自体が抽象的であり、適切な要求だと思えないこともあります。そのため、求められたテーマを分析して示唆を出そうとしても、『これでいいのだろうか』と不安になり、自発的に示唆を出しづらくなります」

担当者がもう一つの原因として挙げたのが、示唆を出してもフィードバックが行われず、それで終わってしまうことです。

「示唆を出しても、インテリジェンスを求めてきた経営層や管理職は『はい、わかりました』と言って受け取るだけで、示唆に対して新たに何かを聞いてくることはありません。また、この示唆をもとに、自社がどのように動いたのかといった直接的な話も聞こえてきません。示唆を出しても一方通行では、自分たちの仕事に意味があるのかと疑問に思ってしまいます」

この状態のままでは、担当者ですら「自社にインテリジェンスは必要なのか」と疑問を持たざるを得ません。同じような悩みを抱えているインテリジェンスの担当者は、他の企業にも少なからず存在しているのではないでしょうか。

見えてきた課題は根深い

現場から聞こえてきた声は、まさにインテリジェンス・サイクルにおける日本企業の課題を示すものでした。その課題はある意味、企業病にも通ずる部分が多分にあると考えます。見えてきた課題は、主に次のようなものです。

不適切な情報要求

インテリジェンス・サイクルの機能不全を起こす重大な要因として、経営層の課題設定が正しく行われずに適切な情報要求がなされないことが挙げられます。これでは、インテリジェンス・サイクルの前提が破綻してしまいます。不適切な情報要求を受け取ったインテリジェンス担当者は、当然ながら不適切なインテリジェンスしか生成できません。この不適切な情報要求は、「問いを立てる力」、つまり適切な課題設定をする能力に直結し、インテリジェンス・サイクルの肝となってきます。

また、「将来世界がどうなるのか知りたい」といった具体性に欠ける情報要求がなされると、インテリジェンス担当者は困惑し、具体性に欠けたインテリジェンスや期待しないインテリジェンスを生成してしまいます。

これらについては、経営層や組織の長の能力に大きく依存することでもあり、第四章「インテリジェンス・サイクルに必要な人材と能力」にて詳述します。

そもそも、インテリジェンス・サイクルによって得たインテリジェンスから何を成し遂げたいのか、明確な戦略・ゴールが描けていないケースもあります。これでは、そもそもインテリジェンス・サイクルを回す土俵にすら立っていないと言えるでしょう。

戦略・理念の共有不徹底

インテリジェンス・サイクルが形骸化する要因として、戦略や理念の浸透が徹底されていないことが挙げられます。インテリジェンス・サイクルを回すには、情報要求の正しい理解、つまり意思決定者が何を欲しているかを明確に理解する必要があります。それには、意思決定者側にも明確な目的と指針が必要です。

しかし、多くの企業では経営層が掲げるビジョンや目標が具体的に現場へ伝わらず、担当者が「何のために情報を集めるのか」を理解しないまま業務を進めてしまうケースが目立ちます。すなわち、担当者が意思決定者の描くビジョンを汲み取ったうえでのインテリジェンスを提供できなくなるのです。戦略論の文脈では、類似のケースが複数報告されていて、

「ビジョンが曖昧だと現場が翻弄される」といった事例が散見されます。いずれも、戦略レベルの曖昧さがインテリジェンス担当者や情報分析チームの業務効率を低下させる典型パターンとして紹介されています。

このような曖昧さが続くと、インテリジェンス・サイクルが無駄に膨らみ、現場と経営の間に不信感が生じます。そして、形骸化した無駄なインテリジェンス・サイクルがカラカラと回ることになるのです。

フィードバック不足によるモチベーション低下

また、インテリジェンス・サイクルが適切に回らない要因の一つとして挙げられるのは、フィードバックの不足です。担当者は、日々膨大なデータを収集し、分析し、レポートとしてまとめる労力をかけています。しかし、これが社内の重要な意思決定に反映されない、あるいは評価されない状態が続くと、「何のためにやっているのかわからない」とモチベーションを失いがちになります。

「あとで読んでおきます」とか「はい、わかりました」といった報告先の曖昧な対応が続くと、苦労して作成したアウトプットを報告しても、インテリジェンス担当者は自分の仕事が組織にとって不要なのではないかと感じ始め、やがてやる気を失います。こうした状況が積み重なることで分析結果の質まで低下し、インテリジェンス・サイクルそのものが形骸化していくのです。

米国のあるソフトウェア企業では、データ分析チームが毎月提出していた市場動向のレポートに対し、上層部からの反応がほとんどありませんでした。分析結果が経営の議題に反映されることも少なく、半年後には重大な市場の変化を見逃してしまったのです。インテリジェンス担当者は後に「私たちの仕事が見過ごされていると思っていた」と証言しており、フィードバックの欠如が組織全体の学習能力と応答性を損なった一例と言えます。

さらに、失敗を報告することがタブー視される企業文化も、インテリジェンス・サイクルの正常な運用を阻害します。そもそもインテリジェンス・サイクルは学習と改善のプロセスである以上、失敗やリスク情報を共有することがきわめて重要です。しかし、組織文化として失敗を一切許容しない場合、担当者は自己防衛に走り、問題を隠したり過少報告したりしてしまいます。その結果、意思決定における信頼性が低下し、再びサイクルが断絶されるのです。

加えて、このような状況に陥る段階で、担当者が情報要求者に対して「迎合」する傾向が顕著になります。インテリジェンス活動はもともと負荷が高く、「生みの苦しみ」を伴うものです。したがって、「失敗を避けたい」「早く終わらせたい」という心理が強くなると、情報要求者の意図に寄り添った楽なアウトプットをしてしまいがちになります。これがいわゆるエコーチェンバー現象を企業内で引き起こし、意思決定者にとって都合のよい情報ばかりが集まることで、インテリジェンス・サイクル全体が歪んでしまうのです。

なお、「問いを立てる能力」もこの問題と深く関わっています。日本企業の悪しき体質として、社員が揉め事を嫌い、前提を疑わずに指示に従う傾向があることが、インテリジェンス・サイクルの機能不全を生む大きな要因になっています。

コミュニケーション不足による情報断絶

企業内におけるコミュニケーション不足は、当然インテリジェンス・サイクルの運用を著しく阻害する要因です。これは、「タテ」「ヨコ」それぞれのコミュニケーション不足が大きな障害となります。たとえば、「タテ」のコミュニケーションでは、インテリジェンス担当者が、意思決定者とのコミュニケーションに障害を感じることで、意思決定者の情報要求の意図を深掘りできなくなります。そうなると、「これはどういう意味ですか？　何を見据えていますか？」という情報要求の重要な部分での質問が遮られることになります。

また、インテリジェンス・サイクルでは、情報要求、収集、処理、分析、報告・配布の各段階で複数部門との連携が必要となります。「ヨコ」のコミュニケーションでは、マーケティング部門からの情報ニーズ、研究開発部門からの技術動向に対する要件、経営企画部門からの競合調査など、それぞれの情報ニーズを束ねて優先度をつける作業が欠かせません。しかし、この調整プロセスがうまくいかないと、インテリジェンス・サイクルの最初の段階である「情報要求」自体が曖昧となり、独善的なものになり得ます。部門ごとの独自の理念が無視される場合、部門間での対立や摩擦が発生し、独りよがりなインテリジェンス・サイクル運用に陥る危険性もあります。

さらに、共有プラットフォームにデータをアップロードする際に偏りが生じることや、形式だけの共有が行われることが一般的です。その結果、インテリジェンス・サイクルが情報の有効活用を目指す本来の目的を果たせなくなります。

このように、「タテ」「ヨコ」のコミュニケーション不足により、各人が孤立するジレンマに陥ってしまい、効果的なインテリジェンスが生成されなくなってしまいます。そして、不要なインテリジェンスが生成されることで、組織内でインテリジェンスの信頼性に疑問が生じ、インテリジェンス・サイクルがどんどん形骸化していきます。

リモートワークが普及した昨今では、部門間の情報共有だけでなく、同じ部門内でのコミュニケーションにも課題が生じています。オンライン会議やチャットツールの利用が標準化された一方で、対面での雑談や即席のアイデア交換が激減し、細やかな調整や暗黙知の共有が難しくなりました。このようなコミュニケーション不足が、情報要求、情報収集や分析の質を低下させる一つの要因となっています。

個人主義化

インテリジェンス・サイクルの形骸化には、担当者やチームメンバーの帰属意識の低下も密接に関わっています。

現代の労働市場では、特に若年層を中心に転職志向が高まり、「自分のキャリアを重視する」という意識が強まっています。このような背景から、インテリジェンス・サイクルに携わる担当者が組織内で蓄積したノウハウを長期間維持することが難しくなっています。

その一例が、インテリジェンス・サイクル担当者が数年で退職してしまうことです。退職後に新たな担当者がゼロから業務を学ぶ必要があり、インテリジェンス・サイクルの継続性が損なわれます。

帰属意識の低下は、情報共有の意欲や責任感の欠如にもつながります。インテリジェンス・サイクルの各段階で発生するミスや不足を補うには、強いチーム意識が必要ですが、それが欠落していると、個人が「自分の仕事さえ完了すればよい」と考え、インテリジェンス・サイクル全体の統一性が失われてしまうのです。このような環境では、個人プレーが強まり、結果として組織の意思決定が非効率になるリスクが高まります。

現代特有の情報過多がもたらす困難

現代の企業は、インターネットとSNSを中心に膨大な情報を瞬時に入手できる環境にあります。市場動向や競合企業の動き、技術革新のレポート、政治・経済ニュース、さらには顧客の声や口コミなど、多種多様なデータを日々キャッチすることが可能です。しかし、この「情報過多」はしばしば逆効果を生み、「何を優先して分析すればいいのかわからない」「信頼性の低い情報まで大量に流入してきて整理しきれない」といった混乱を引き起こします。

また、情報を精査するスキルや時間が社内に十分ないまま、やみくもに収集だけが進むと、「データはあるけれど使える形になっていない」という〝情報のゴミ箱化〟が起こる可能性があります。インテリジェンス・サイクルのステップとしては収集と処理・分析が分かれているものの、その境界が曖昧になっている企業も多く、結果的には情報過多が意思決定を遅らせる要因にさえなってしまうのです。

もう一つの現代的特徴として、社員個々人が自由に情報を取得・発信できる環境が挙げられます。SNSアカウントや個人のブログ、情報共有プラットフォームなどを通じ、誰でも多様な情報に触れられるようになりました。一方で、正式な手順を経ずに非公式情報が分析されたり、十分なチェック体制を経ないまま経営層に報告が上がってしまったりと、統制不能になりやすいリスクもあります。

以上の各課題が解決されないことで、最終的には「形だけインテリジェンス・サイクルを回しているように見えるが、実際には誰もきちんと使っていない」という状態、すなわち形骸化に陥ります。形骸化は一度進行すると、「インテリジェンス・サイクルなんて役に立たない」という社内認識が広まり、制度や仕組みの形だけが残って実態は何も変わらないという状況を生み出しやすくなります。実際に、導入段階では大きな期待を持たれていたインテリジェンス・サイクルが、数年後には「なんとなく残っている」程度になっている企業事例は少なくありません。

第二章　新しいインテリジェンス・サイクルの形

新しいサイクルモデルは万能か？

第一章で見えてきた課題に対応するためには、どのようにしたらよいのでしょうか。インテリジェンス・サイクルが提唱されてから著しく環境が変化した現代では、先の課題に対して従来のインテリジェンス・サイクルが対応しきれず、より柔軟な構造を持たせる必要があると指摘されています。特に、「情報過多」という問題は重くのしかかっています。

従来のインテリジェンス・サイクルは、基本的には「上位者の施策目標を受けて必要な情報要求が定まり、それを満たすために収集・分析し、成果物を消費者に提供する」という円環的なモデルが前提でした。

近年の研究では、「リアルタイムまたは短期サイクルのフィードバック」を複数挿入する多層的なサイクルモデルが提唱されています。この多層的サイクルの狙いは、分析結果が出るまでの間も逐次成果を共有することで、コミュニケーション不足を解消することです。そして、仮説の修正と新たなデータ収集を同時に進めることで処理のスピードを上げています。旧来のインテリジェンス・サイクルでは、最初の「情報要求」から最終の「フィードバック」までに比較的まとまった時間がかかるため、分析が終わる頃には状況が変化していたり、組織内のモチベーションが低下してしまったりする問題がありました。多層的モデルはこうした遅延や断絶を緩和することもできます。

もう一つは、組織やチーム構成自体を大きく見直し、「収集部門」「分析部門」「施策立案部門」などを明確に区切るのではなく、同じチーム内に多様な専門性や情報源を持ち込んでしまう形のサイクルモデルの提唱です。これは従来の分業制が引き起こすコミュニケーション不足や情報断絶を解消し、分析者の視点と意思決定者の視点の間に生じる溝を埋めると言われています。

現代の複雑な情報環境では、膨大な情報を統合する必要があります。分業制のままではタイムリーかつ総合的なインサイトを得ることが難しくなりました。よって、新たなサイクル像としては、チーム内で短いスパンのフィードバックと仮説検証を続けながら、最終的にインテリジェンスを生成する形が理想とされています。

また、現代の情報過多がもたらす課題に関しては、従来の「処理」フェーズが担うべきデータ整理の重要度が増しています。無数のソーシャルメディアやニュースソースが瞬時に更新される現代では、まず「何を収集すべきか」より「何を収集しないか」を明確に線引きしないと、組織全体があふれる情報に振り回されてしまいます。

さらに、処理フェーズで一次的なノイズ排除ができなければ、分析フェーズに進んでも

「使える情報」と「使えない無駄な情報」が混在したままになってしまい、結果として分析の質が低下するばかりか、当初のゴール、すなわち戦略や理念を見失いやすくなります。こうした事態を防ぐため、新しいインテリジェンス・サイクルでは、処理の段階に高度なＡＩやデータマイニング技術を組み込み、それらを使いこなすための専門人材（データサイエンティスト等）を分析者と密接に協働させるような形を提唱しています。

総じて、新しいインテリジェンス・サイクルを考える際には、

①フィードバック不足を解決するために、複数レイヤーのフィードバック・ループを挿入し、リアルタイムまたは短期スパンの小循環を組み合わせること
②コミュニケーション不足を解決するために、分析担当者・収集担当者・施策立案担当者が相互に並列的な情報共有とコミュニケーションを行える組織構造へ転換すること
③情報過多に対応するために、膨大なデータを効率的に「選別・処理」し、分析のための土台を整備できる専門性と手法を確立すること

を重要な点とし、従来型のインテリジェンス・サイクルをいかに現代の環境に合わせて柔軟に再設計するかが問われています。

しかしながら、これらの新しいモデルは抜本的な課題解決には至らず、新たな課題を生み出しており、万能とは言えない部分もあります。

まず、多層的なフィードバック・ループを導入するモデルは、「常にフィードバックを求められる」状態が続くことで、分析担当者や収集担当者への心理的圧迫やコミュニケーション負荷が大きくなり、かえって深い洞察や慎重な検証を行う時間が不足する危険があります。とりわけ、情報過多の時代では、どこまでが既知の情報で、どこからが正式な分析結果なのかを区別する判断が曖昧になりがちです。結果として、エンドレスな小修正に追われるばかりで組織としての重厚な分析をまとめきれない事態を招くことが十分に考えられます。

また、収集・分析・施策立案を並列的に回すモデルは、チーム内の混乱が生じる可能性がありあります。なぜなら、立場間の用語・手法・思考フレームの差異によって相互理解が進まない場合や相互連携によって、むしろ多大な時間を要することがあるからです。

そして、高度なＡＩやデータマイニング技術を利用して「情報過多」に対処するモデルは、処理フェーズの効率性を飛躍的に高める反面、分析担当者がＡＩの出力をどこまで理解できて、どのように最終的な判断を下すのかといった問題があります。ブラックボックス化した分析結果に過剰な信頼を寄せたり、逆にＡＩを不要に疑ったりして、結論が誤った方向に振り回されるリスクを否定できません。

ぼやけていた意思決定プロセスをハッキリさせる

そもそも、第一章で掲げた課題の根底にあるのは、インテリジェンス・サイクルだけでなく、企業・組織としての課題に共通するものです。

「はじめに」で述べた通り、インテリジェンス・サイクルは、企業・組織としての戦略実現や課題に対して、組織のトップが正しい課題設定を行い、適切な情報要求を行うことをまず前提とします。そのうえで、サイクルを丁寧に実践することによって、情報要求の適切性を確保し、不明瞭であった意思決定プロセスとコミュニケーションプロセス、情報過多に対する情報処理プロセスを明確化し、フワフワとぼやけていた企業の意思決定プロセスをハッキリさせることに意義があります。

一方で、旧来のインテリジェンス・サイクルを丁寧に実践だけしていればよいというものでもありません。やはり、時代の変化に合わせてインテリジェンス・サイクルをカスタマイズする必要があります。

アメリカのインテリジェンスの専門家であるマーク・M・ローウェンタールの『Intelligence: From Secrets to Policy』（二〇二二年）は、現代のインテリジェンス研究における主要な文献として知られています。その中で提示されるインテリジェンス・サイクルは、従来の「情報要求（Requirements / Tasking）→情報収集（Collection）→処理・分析（Processing & Exploitation / Analysis）→報告・配布（Dissemination）→消費（Consumption）→フィードバック（Feedback）」という円環的な枠組みを基本としながらも、情報の受け手（意思決定者など）とインテリジェンス担当者との双方向的なコミュニケーションを強調しています。

ローウェンタールは、インテリジェンス・サイクルを、実務が厳密に反映された完全なプロセス図であるというよりは、「情報機能を大きく整理するための概念」として位置づけています。すなわち、実際の企業活動ではサイクルが常に並行・重複して進み、ステップごとの境目も曖昧になることは当然ながら起こり得ます。しかしながら、情報要求（Requirements）を出発点とし、それに応じて必要な情報を収集し、分析を経たうえで最終的に意思決定層に報告し、フィードバックをもとに再び要求を生成するという円環的モデルは、今なお「インテリジェンスとは何を成し遂げる活動か」を理解しやすくする枠組みであると指摘します。

ローウェンタールは、各段階について次のように説明しています。

情報要求(Requirements / Tasking)

ここでの要求が曖昧なまま収集に進むと、膨大な情報を集めても「何が欲しかったのか」が見えなくなり、結果として分析・報告が的外れになりかねないと、ローウェンタールは警鐘を鳴らしています。つまり、情報要求での明確化と合意形成が、サイクル全体の成功を左右する最初の鍵というわけです。ここのコミュニケーションを丁寧に行う必要があると指南しています。

情報収集(Collection)

ローウェンタールは、収集段階においても「優先順位づけ」が欠かせないと強調しています。現代の情報過多の状況においては、際限なくデータを集めようとすると、後の処理・分析段階が飽和してしまうからです。したがって、徹底した要件設定と優先順位づけが、収集の効率性を左右するのです。

処理・分析(Processing & Exploitation / Analysis)

一昔前までは「収集が難しく、分析が容易」という図式がありましたが、現代ではオープンソース情報を含む膨大なデータの洪水により「収集は比較的容易だが、分析が困難である」時代にシフトしているとも言われます。ローウェンタールは、まさしくこの「分析段階」をインテリジェンスの中核とみなし、質の高い分析官育成の必要性をたびたび強調しています。加えて、ＡＩやデータマイニング技術が進展しても、人間の判断による仮説検証や解釈のプロセスは依然として不可欠でしょう。

報告・配布(Dissemination)

この段階では、タイミングとフォーマット、さらには要約能力の重要性が指摘されています。いかに卓越した分析であっても、報告が遅れれば施策決定に活かせず、分厚い報告書に目を通す暇がなければ実質的な意味を持ちません。したがって、報告の簡潔さや伝達手段、さらに報告内容を理解させるためのコミュニケーション・デザインが、現代のインテリジェンスにとってきわめて重要です。

消費(Consumption)

実は、従来の多くの文献では「報告」が済めば終了と捉えられがちでした。しかしローウェンタールは「意思決定者が情報をどのように活用し、意思決定や行動に結びつけたのか」を観察する段階を重視しています。つまり、フィードバックを待つのではなく、インテリジェンス担当者に自ら観測せよと言っているのです。

フィードバック(Feedback)

ローウェンタールは、インテリジェンス・コミュニティと意思決定者の間に「双方向」のやりとりがあるかどうかが、サイクル全体の健全性を決定づけると主張しています。意思決定者からの追加要求や評価が明確に示されることで、新たな指示が生まれ、次のサイクルが始まります。それゆえ、フィードバックが不足すれば、担当者側は「自分たちの成果が本当に役に立っているのか」と疑問を抱き、モチベーションが下がるおそれがあります。一方、フィードバックが円滑に機能していれば、迅速に焦点を修正したり、戦略を微調整したりできるため、組織全体が持続的に学習し、進化していくことが可能になります。

以上、ローウェンタールのインテリジェンス・サイクルは、従来のモデルを踏襲し、特に「情報要求の明確化」と「分析プロセスの専門性の重視」「報告・消費・フィードバックの連動」という三点が強調されているに過ぎませんが、古典的な円環的モデルの形式を保ち、要求段階とフィードバック段階の重要性を従来以上に強調しているところに最大の特徴があります。

これは、あくまで革新的なインテリジェンス・サイクルの新しいモデルを待つのではなく、現代的な情報環境の急激な変化に対応しつつ、「インテリジェンスは最終的に施策や行動へとつなげるための活動である」という根源的な理念を改めて確認する姿勢でもあると言えます。すなわち、企業活動が広範に及び、組織同士の接点が煩雑かつ希薄化する現代だからこそ、統制された枠組みの下で活動を進めることで、一貫した戦略目標に資する判断材料＝インテリジェンスを提供できるのです。

アメーバ型インテリジェンス・サイクル

私は、ローウェンタールが旧来のインテリジェンス・サイクルを再評価する中で、旧来のインテリジェンス・サイクルは、あくまで「基礎的なフレームワーク」としての有用性を持ち続けていると考えます。ローウェンタールは、「古典的なインテリジェンス・サイクルをそのまま鵜呑みにすべきというよりは、インテリジェンスが持つ機能の流れを誰にでもわかりやすく図示したものをいかに柔軟に応用していくかが大事だ」といった趣旨の主張を繰り返しています。

旧来のインテリジェンス・サイクルが示す明快なステップ構造は、たとえ新技術を導入しようと、あるいは組織構造を再編しようと、最終的にインテリジェンスという活動が「戦略の明確化から情報収集と分析を経て、最終的に意思決定や行動に役立つ情報を提供する」という大枠から外れないようにするための指針となるのです。

組織構造が複雑化し活動が多様化する企業においても、組織間・個人のつながりの必要性が問われる中で、不明瞭な意思決定プロセスと希薄なコミュニケーションを、むしろ旧来の明確なインテリジェンス・サイクルが統率すると考えます。その意味で、過度に複雑な新モデルを目指すよりも、旧来の円環的モデルを基軸としたうえで、必要な補強策を加えていくほうが、情報過多やコミュニケーション不足、モチベーションの低下といった現代特有の難題をかえってクリアしやすいでしょう。ゆえに、時代の変化に合わせて新しい要素を積極的に取り込みながらも、あくまでも旧来のインテリジェンス・サイクルの原型が示す「線形と循環の両立」というコンセプトを再評価すべきであるという結論に至るのです。

それが、一つの大きなインテリジェンス・サイクルを基本としつつ、小さいインテリジェンス・サイクルが基本のサイクルの周囲で連携しながら結びついているアメーバ型インテリジェンス・サイクルです（図2参照）。

ＣＩＡの公式ウェブサイトでは、従来型のサイクルを解説する一方で、実務上はいくつものフェーズが並行・重複して進むことが強調されています。

実際に、企業活動は単純ではありません。個々のインテリジェンス・サイクルが勝手に回る状態では、統率が取れず、第一章で挙げた「戦略・理念の共有不徹底」「フィードバック不足」「コミュニケーション不足」「個人主義化」「情報過多」といった課題には対応できません（「不適切な情報要求」は、意思決定者の能力に依拠するため、割愛）。よって、一つの基本となるインテリジェンス・サイクルを中心に統率を取ることで、「戦略・理念の共有不徹底」「フィードバック不足」「コミュニケーション不足」「個人主義化」といった課題に対

図2　アメーバ型インテリジェンス・サイクル

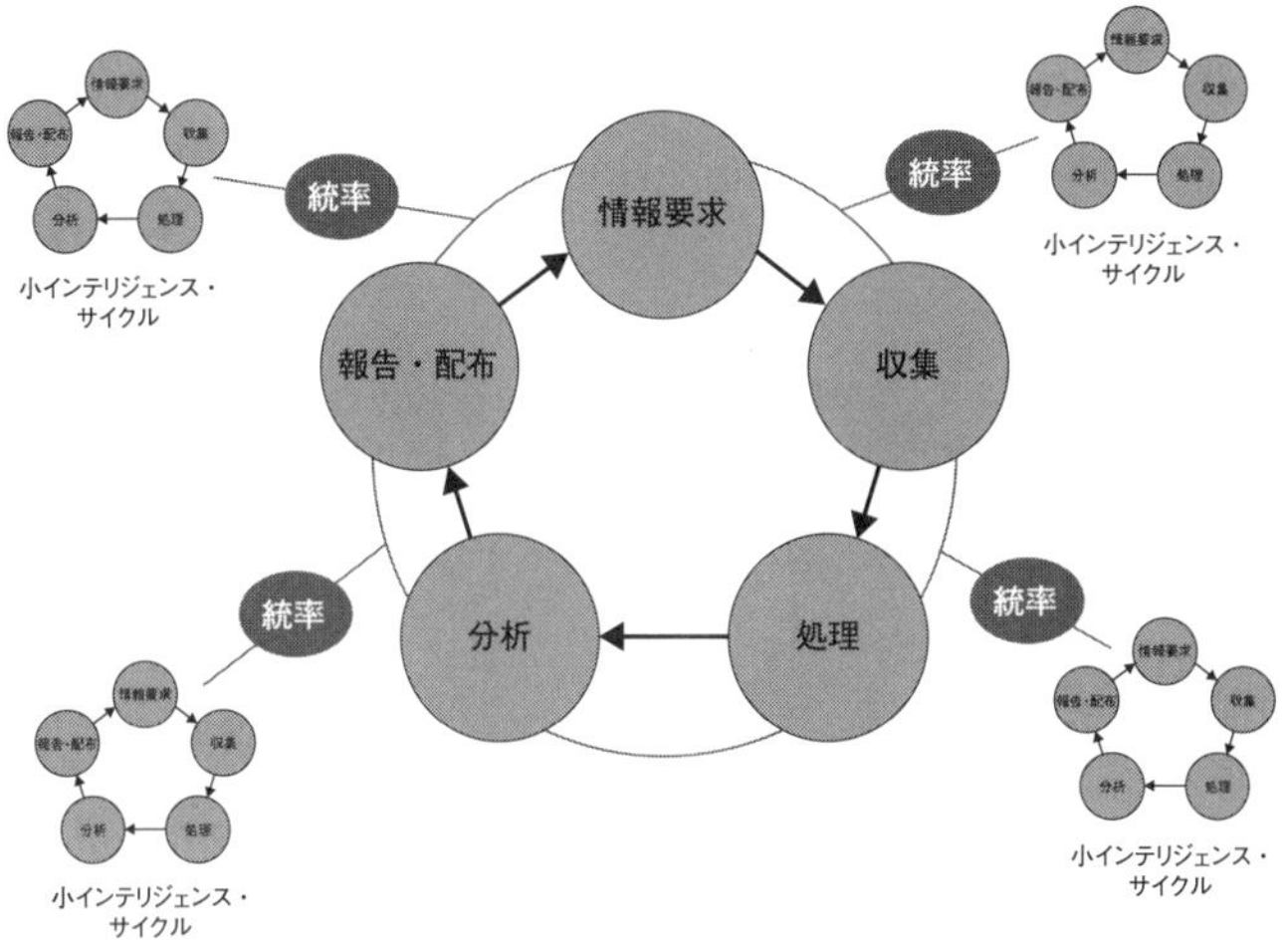

応しつつ、たとえば「情報過多」に対応するためには、必要に応じた小インテリジェンス・サイクルを「補強」という形で回すべきです。

つまり、基本となる一気通貫のサイクルが必要であり、それが旧来のインテリジェンス・サイクルというわけです。それを意識し、丁寧に実践することが企業に求められています。

先に述べた新しいインテリジェンス・サイクルとして、「リアルタイムまたは短期サイクルのフィードバック」を複数挿入する多層的なサイクルモデルを紹介しましたが、これはアメーバ型インテリジェンス・サイクルとコンセプトは近くもやや違う構造を持ちます。前者は、従来の円環的なサイクルに複数のリアルタイムあるいは短期サイクルのフィードバック・ループを挿入することで、分析・収集の過程でも逐次情報を共有し、迅速に仮説修正と追加収集を行う「スピードと柔軟性」を重視したモデルです（図3参照）。

後者のアメーバ型インテリジェンス・サイクルは、「線形と循環の両立」という旧来のインテリジェンス・サイクルを再評価し、そこに小さなサイクル群が主体となる大きなサイクル（基本サイクル）と相互連携する形を描いています。そのため、後者は〝従来の線形要素も含めた大きな流れ〟を中核に置きつつ、小さなサイクルが周囲で動き回る「アメーバ構造」を打ち出している点が特徴です。

図3　多層的インテリジェンス・サイクルの例

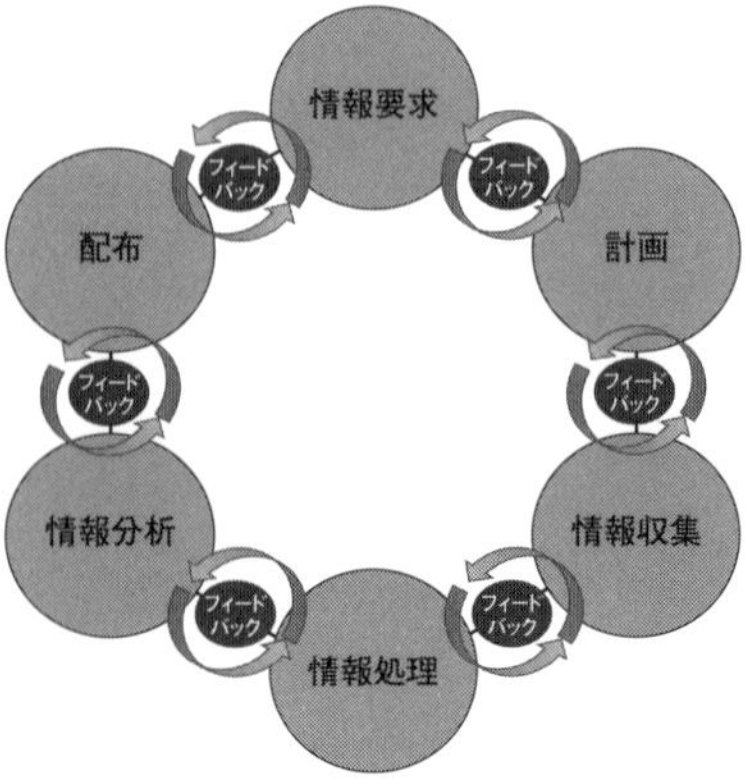

アメーバ型モデルを導入する際には、組織内での明確な役割分担と権限設定が重要です。小さいサイクル同士が勝手に動き出さないよう、あくまでメインとなるインテリジェンス・サイクルの目的・ゴールを周知徹底し、サブ・サイクルが同じ目標に向かって協調するように設計する必要があります。これにはリーダーシップ

とガバナンスの強化が欠かせません。

このアメーバ型モデルを実践するには、次のような課題や注意点があります。

・専門領域間の「思考フレーム」の差異

マーケティング部門、技術開発部門、経営企画部門などでは、使う用語やアプローチが異なります。サブ・サイクルを編成して並行的に分析を進めても、相互理解が不足していれば誤解が生まれやすく、意思決定にブレが生じる可能性があります。よって、専門領域間の用語や手法を共有し、共通言語を作る仕掛けが欠かせません。これは、新しいインテリジェンス・サイクルにも見られた課題と共通している部分です。

・リーダーシップの確立と責任の所在の明確化

アメーバ型はサブ・サイクルの自律性を重視する一方で、組織としての統一性を保つために、誰が最終的な意思決定権や調整権を持つのかを明示する必要があります。そうしなければ、サブ・サイクル間で意思決定やリソース配分に関するトラブルが起こりやすくなります。リーダーやキーパーソンを明確に設定し、意思決定のルールや優先順位を周知徹底することが重要です。こうすることで時間の浪費を防ぎ、スピード感を失わせないという狙いもあります。

これらの課題をクリアするためには、単にチーム編成を変更するだけでなく、全社的なリーダーシップ、役割分担、コミュニケーションフレームワークの整備、ナレッジマネジメントの仕組みづくりなど、多角的な取り組みが不可欠です。「サイクル全体のレビュー会」を定期開催し、サブ・サイクル間の認識をすり合わせたりして課題クリアに成功する企業が増えています。逆に、失敗事例としては、サブ・サイクルを作っただけで満足し、具体的な運用ガイドラインや合意形成の手順を整備せずに各自が好き勝手に分析を進め、後から集約ができずに混乱が生じたケースが挙げられます。

しかし、インテリジェンス・サイクルには、アメーバ型を含めどのようなモデルを導入しても、企業が目を逸らしがちな重大な課題が隠されているのです。次章で詳しく述べることにします。

コラム　同時多発テロを招いた米国の失敗と、旧日本軍の失敗

インテリジェンス・サイクルがうまく回らなかったときに、意思決定者が原因である場合があります。特に、政治的な判断をする際によく起きると言われています。

有名なケースは、二〇〇一年九月一一日に米国を襲った同時多発テロです。当時の米ブ

ッシュ大統領は、アルカイダがテロを計画していることについてブリーフィングを受けていたにもかかわらず、対策をとっていませんでした。これは、二〇〇四年に発表された、米国の同時多発テロに関する独立調査委員会の最終報告書で明らかになっています。意思決定者がインテリジェンスを受け取ったにもかかわらず、意思決定をしなかった、もしくは怠ったことで、結果的に誤った意思決定をした大失敗の例と言えます。

また、太平洋戦争後半の旧日本軍のインテリジェンスにも、意思決定者の失敗がありました。その点について言及しているのが、小谷賢教授の論文「日本軍とインテリジェンス――成功と失敗の事例から――」（防衛研究所紀要第一一巻第一号）です。

この論文では、日本軍のインテリジェンスが、太平洋戦争の緒戦に果たした役割を認める一方で、戦争が進むに従ってインテリジェンス運用が徐々に劣化していき、戦争の後半には機能しなくなった経過が記載されています。

太平洋戦争の緒戦に日本軍のインテリジェンス・サイクルが機能した戦闘の一つが、一九四二年二月一四日のパレンバン攻略でした。陸軍の落下傘部隊三二九人がスマトラ島のパレンバン製油所を強襲して、無傷で制圧することに成功します。

この作戦の裏には、事前の周到な準備がありました。石油資源がどこに分布しているのか。産出量はどれくらいあるのか。それだけでなく今後の開発予定地、主要各国の需給状況、石油資源外交、採油、精製、運搬、貯蔵設備などの内容についても調べ上げました。

パレンバン攻略では、陸軍上層部からの情報要求を受けて、インテリジェンスの担当者が情報を収集し、分析して、作成したものを陸軍上層部に報告しました。そのインテリジェンスが作戦の実行部隊に利用され、成果を挙げたことで、一連のインテリジェンス・サイクルが完結したケースです。

ところが、太平洋戦争の後半になると、日本軍のインテリジェンスはほとんど機能しなくなります。その原因の一つは、陸軍と海軍の暗号が連合国軍に解読されていたことです。さらに深刻だったのは、意思決定者である陸軍と海軍が、作戦を実行する際に情報部からのインテリジェンスをほとんど重用せずに、自分たちが持っている情報に頼ったことでした。

作戦や政策を実行する部局が情報を扱い始めると、どうしても自らの目的に合った情報収集や分析を行ってしまうため、客観的な情報収集ができなくなります。そのような事例が太平洋戦争後半に頻発しました。

一九四四年四月、海軍の情報部はサイパンを中心としたマリアナ諸島が米軍の侵攻目標になっていて、侵攻の時期が五月から六月だと判断していました。この状況判断は的確なものでした。しかし、海軍の作戦部の判断は、米軍の目標はフィリピン攻略と北部ニューギニア、西カロリン諸島への侵攻というもので、情報部の判断を無視していました。実際は情報部の判断のほうが正しかったのです。米軍はサイパンの飛行場や港を攻撃して上陸し、日本軍の守備隊は壊滅、四万人にのぼる日本軍兵士が犠牲になったとされます。米軍兵士も三〇〇〇人以上が戦死しましたが、およそ一万人もの民間人が亡くなったことを忘れてはいけません。

企業でインテリジェンス・サイクルを回す場合でも、意思決定者が原因の失敗は起きがちです。

あるメーカーで、経営者から商品を見直すよう情報要求を受けたインテリジェンス部門が、「Aの商品はもう売れないので、Bの商品に切り替えましょう」と経営者に報告したとします。商品Aは、このメーカーが創業時に開発し、販売してきた商品です。経営者は「我が社はAを売ることでここまでやってきた。Aはこれからも大事にしていくので、Bに切り替えるのはダメだ」と言って、インテリジェンス部門の話を聞きません。その後、Aが売れなくなっても、他にヒットする商品を生み出すことができませんでした。

このように意思決定者がインテリジェンスの話を聞かずに意思決定を誤るケースは、往々にしてあるのではないでしょうか。

第三章　インテリジェンス・サイクルの成功を握る鍵

「信頼」を根底に据える

第一章「日本企業のインテリジェンス・サイクルは機能しているか」では、企業におけるインテリジェンス・サイクルの課題について概説しました。

見えてきた課題をまとめると次の三本柱になると考えます。それは、思いのほか企業・組織としての本質的な課題に由来するものです。

①戦略なきインテリジェンス・サイクル
②理解なきインテリジェンス・サイクル
③信頼なきインテリジェンス・サイクル

①は、経営層が適切な課題設定を欠き、インテリジェンス・サイクルの起点である情報要求を破綻させることや、そもそもインテリジェンス・サイクルを回す目的さえ描けていないことを指します。そこには戦略も適切な課題設定もない致命的な状況が待っているでしょう。

②は、適切に課題設定され、情報要求がなされても、経営層が描く戦略がインテリジェンス担当者まで浸透せず、理解されず、インテリジェンス・サイクルが形骸化します。また、自社におけるインテリジェンス活動への理解がないというコミュニケーションの断絶を引き起こします。

そして特に、「③信頼なきインテリジェンス・サイクル」は、①、②の根底にある重要な要素です。信頼なき企業・組織はコミュニケーションが不足し、経営層・部門・個々人が孤立し、情報要求の適切性が失われ、戦略の共有がなされず、インテリジェンス・サイクルが信頼を失い、形骸化していきます。ここでいう信頼とは、単に「仲がよい」というレベルを超えて、「相手の言動の意図を尊重し合い、その情報や判断を一定の信用のもとに受け止めようとする姿勢」を指します。それは、信頼関係を構築してこそ実現される「信じて任せること＝信任」にもつながるのです。

第一章で示した課題について、まず、「不適切な情報要求」から考えてみましょう。

適切な情報要求には、良質で生々しい現場の声が必須です。しかし、経営層と社員、部門間の信頼が損なわれていれば、良質な意見や情報が集まってきません。そして、適切な課題設定のために、「こんなことがありますよ」と手を差し伸べる社員はいなくなるでしょう。それらは、信頼に依拠することは言うまでもありません。

次に、「戦略・理念の共有不徹底」と「コミュニケーション不足」の問題を考えてみましょう。

企業がどれほど素晴らしい戦略や理念を掲げていても、それらが現場の一人ひとりにまで腹落ちしていなければ、有名無実のスローガンに終わりかねません。ここで信頼関係が機能していれば、組織の上層部やリーダーが考えている理念・方針を「自分が納得するまで質問していい」という風土が醸成されます。その結果、戦略や理念に対して自然と理解を深めようとする動きが生まれ、単なる命令やお題目ではなく「自分たちの行動原理」として腑に落ちるようになります。逆に言えば、リーダー側が部下を信頼せず、形式的な説明だけを繰り返すと、現場は「どうせやらされ仕事だ」と受け止め、戦略や理念を自分事として受容しにくくなります。こうした断絶は、やがて組織全体の一体感を損ない、帰属意識の低下や情報共有の停滞へとつながっていくのです。

さらに、「フィードバック不足」の問題があります。インテリジェンス・サイクルでは、大前提として担当者が「フィードバックを受け止める、あるいは提供する意義」を感じられなければ、形だけのやりとりで終わってしまいます。上司に意見を伝えた際に、「本当に必要とされているか」「評価にどう影響するか」「上司が耳を傾けてくれるか」といった懸念が強い場合、担当者は率直な意見を出しづらくなるでしょう。また、上司側も担当者に対し、

「どこまで情報を共有できるのか」「部下のスキルや意図をどの程度信用してよいのか」といった懸念があると、タイムリーなフィードバックを行わなくなりがちです。このように信頼関係が欠如していれば、どれほど高度なフィードバック・プロセスを設計したとしても、実質的なコミュニケーション量や質が向上しない可能性が高まります。

ちなみに、フィードバック不足によって起こる「迎合」という問題に対して、揉め事を避けたことで「信頼」があると勘違いしている組織もあるかもしれません。しかし、それは単に意見の対立を回避しているだけで、実際のところは「建設的な議論」がなされていない可能性があります。真の信頼関係があれば、ぶつかり合いながらも意義あるフィードバックを交換できるはずです。相手の意見と衝突する建設的な議論ができる土台には、真の「信頼」が必要であることは明白なのです。

さらに、「個人主義化」に関して考えてみましょう。信頼関係が構築されている職場では、自然と「この組織のために貢献したい」「自分の知見やアイデアが役に立つ場がある」という感覚が芽生えます。社員が上司や同僚を信頼でき、逆に自分も信頼されていると感じられれば、問題が起きた際に助け合う意識も高まり、「周囲も一緒に考えてくれる」という安心感から、より主体的に行動できるようになります。たとえば、製品トラブルやクレーム対応、あるいは新しい市場へのチャレンジといった局面において、信頼に基づく協力がスムーズに行われれば、困難を乗り越える際のスピードや発想力が向上します。一方で、信頼関係が築かれていない環境では、「自分のミスで評価が下がるのは嫌だ」「他部署の失敗を背負わされるのはごめんだ」といった意識が先立ち、部門間や個人間の協力が滞りがちです。その結果、成果の最大化や迅速な意思決定が阻害され、帰属意識はさらに損なわれてしまいます。

信頼を構築する責任は誰にある？

インテリジェンス・サイクルでは、「タテ」のコミュニケーションだけではなく、「ヨコ」のコミュニケーションも重要であると説明しました。部門間でインテリジェンス活動に信頼がなければ、互いに積極的なコミュニケーションはなされないでしょう。

つまり、「インテリジェンスって何？　信用できるの？」という状況では、部門横断でインテリジェンスを共有し、理解し、意思決定していくことは不可能なのです。インテリジェンスの概念とインテリジェンス・サイクルは、全社で理解されなければなりません。

そして、インテリジェンスの信頼を得るには、インテリジェンス・サイクルに従事し、インテリジェンスを生成する担当者が、質の高い、論理立ったインテリジェンスを生成する責任があります。また、質の高いインテリジェンスを生成するには、意思決定者が戦略や理念を担当者にきちんと説明し、共有する必要があります。

これらは、「タテ」と「ヨコ」、つまり全社で信頼関係が必要であることを示唆しています。

それらを醸成する責任があるのは、誰でしょうか。

皆さんはもうおわかりになったかと思います。そう、全員に責任があります。意思決定者から信頼を構築するよう働きかけるだけではなく、担当者も歩み寄りが必要です。そして、部門間でも同様です。

こうして振り返ると、「戦略・理念の共有不徹底」「フィードバック不足」「コミュニケーション不足」「個人主義化」の諸課題を克服するうえで、各ステップや各ツールを連動させるインテリジェンス・サイクルそのものを刷新することだけでは解決できず、企業文化や組織風土の観点から〝信頼〟を軸に築き上げる必要があることがわかります。

たとえば、情報要求者が担当者のアウトプットを正当に評価し、担当者が持つ専門知識を尊重する態度を示すこと、部門間の壁を取り払い、相互に情報を開示しながら共同プロジェクトを進める仕組みを設けること、幹部やリーダーが戦略・理念を語る際に一方的な発信に終始せず、現場の意見を拾い上げる場を定期的に用意することなどが挙げられます。こうした取り組みを積み重ねることで、個々の社員は「この組織のために力を発揮したい」「自分の知見を組織が活かしてくれる」という納得感を得られ、結果としてインテリジェンス・サイクルの各段階を活性化させる原動力となっていきます。

企業内のインテリジェンス活用においては、どれほど先進的な手法や革新的なチーム編成を試みたとしても、基盤となる信頼関係が欠落していれば、現場レベルでの情報共有や戦略の浸透、帰属意識の醸成が期待通りに進みません。逆に、互いを信頼する風土を育み、組織全体が同じ方向を向いて試行錯誤できる環境が整備されれば、インテリジェンス・サイクルが十分有効性を発揮します。

しかし、企業人からすると、「信頼が大事なのはわかっているが、具体的にどうすればいいのか」という声が多いのも事実です。企業において信頼関係を構築するには、組織文化、業務プロセス、コミュニケーションのあり方を具体的に設計し、実行する必要がありますが、信頼関係の構築に抜本的な施策はありません。そもそも、企業において組織内の信頼関係を構築する施策をとっていない企業などないでしょう。インテリジェンス・サイクルの文脈では、単なる好意的な人間関係ではなく、「情報収集の透明性確保」「分析過程の公開と対話の重視」「意思決定とフィードバックの透明性・企業文化への統合」に基づいて信頼関係が形成されるべきなのです。

インテリジェンスは「経営資源」

インテリジェンス・サイクルにおいてどう信頼関係を構築すればよいのかを考える際、最初に意識すべきなのは、インテリジェンスとは単なる情報のやりとりやレポート作成を指すのではなく、組織の将来を左右する重要な「経営資源」であるという点です。

企業全体でインテリジェンスを活用しようとするなら、まず経営層から「インテリジェンスは企業の未来を左右する重要な経営資源である」というメッセージを発信しなければなりません。経営トップが自らの言葉と行動で「インテリジェンスを大切にする企業文化」を示し、意思決定に活かしていることを組織内に周知するのです。

これは単なるスローガンではなく、経営トップ自身がインテリジェンスの成果を受け取り、そのインプットをもとに戦略を調整する姿勢を見せることで全社に浸透していきます。トップが率先して活用している事例が示されれば、現場レベルでも「使ってみよう」「情報を共有しよう」という雰囲気が生まれてくるのです。

そのうえで、次の各論が重要になってきます。

情報収集の透明性確保

まず、インテリジェンス・サイクルの初期ステップである情報収集の段階から、信頼を損なわない工夫が必須です。

情報源の信頼度や意図が不透明なままだと、「どのようなバイアスがかかっているのか」「恣意的に情報を選別していないか」という疑念が生まれ、後の分析結果や意思決定の妥当性まで疑われてしまいます。ここで大切になるのは、情報の収集プロセスをある程度「見える化」することです。

インテリジェンス担当部署を置く場合には、そこがどのような基準をもって情報を取捨選択しているのか、どういった目的でどれほどの範囲をカバーしているのかを、社内イントラネットなどを通じて開示するといった方法があります。もちろん、すべてを公表するわけにはいかないケースもあるでしょう。けれども、少なくとも「ここに書かれている情報は一元的な視点ではなく、複数のソースを比較検証したうえでまとめられている」という安心感を与える程度には情報の出どころやチェック方法を示すべきでしょう。

さらに、情報の信頼度を数段階に分類して「Aランク＝高確度」「Bランク＝要検証」「Cランク＝参考程度」といったラベリングを行うのも一つの手です。そうすることで、受け手としては「これはまだ確度が低い情報なのだな」「これは裏づけがしっかりした情報だな」と判断できるようになり、それ自体が「この会社は情報の扱いが丁寧だ」という信頼感につながります。

情報収集のプロセスを透明化するもう一つの利点として、社内のさまざまな部門から情報が集まるようになる点があります。

インテリジェンス・サイクルが「中央の専門部署だけの仕事」というイメージになると、他の部門は「自分たちには関係がない」と思いがちです。しかし、実際には営業部門が持っている顧客情報や、研究開発部門の技術情報、広報部門のメディア接触から得られる市場の声など、あらゆる情報が企業の戦略策定に役立つ可能性があります。そこで「どのような情報が必要で、どのような形で報告すればよいか」が明確にガイドライン化されていれば、社員一人ひとりが「自分の仕事がインテリジェンス収集の一端を担っている」という意識を持ちやすくなります。

こうした〝全社的な情報収集ネットワーク〟が敷かれることで、幅広い情報が一定のルールのもとに集約され、分析担当者や専門部署がより精度の高いインテリジェンスを作り上げられるようになります。この時点で、すでに企業内のコミュニケーションは活発化し、信頼の土壌が育ち始めることが期待できるのです。

とが重要です。

分析過程の公開と対話の重視

次に、分析過程の公開や対話の重視によって、信頼をさらに強固なものへと発展させることが重要です。

情報を収集しても、それがどのような視点で整理・解釈され、どのような仮説を立てて検証されているのかが不明瞭なままでは、社内の他部署や意思決定者は「本当に正しい結論なのだろうか」と不安になります。最終的にインテリジェンスを十分に活用してくれなくなるかもしれません。

そこで必要なのが、分析を行う部署や担当者が、できる限りオープンに仮説設定やデータ処理、検証プロセスを共有する仕組みです。これは単に「分析の途中経過を公開する」というだけでなく、実際に対話や議論を通じて関係者の意見を取り入れることを指します。

たとえば、定期的に開催されるインテリジェンス部門主催の会議などで、「こういうデータを得たので、こういう仮説を立ててテストしています」「こういう部分はまだ不確定要素が大きいので、別のデータソースを探しています」と説明し、営業現場やマーケティング部門などの現場から質問や意見、追加情報を募るのです。

現場の目線から「このデータは実情と少し違う」「こういう要素も考慮してほしい」とい

ったフィードバックを得れば、分析の精度が上がるだけでなく、その結果として生まれる結論に対して社内の人々が強い納得感を持つようになります。分析担当者としても、一方通行でレポートを書いて終わりではなく、「自分たちの分析が本当に役立つ情報を提供している」という手応えを感じられれば、モチベーションが上がっていくことでしょう。こうした良好な循環が、企業全体のインテリジェンス・サイクルを底上げしていきます。

分析が終わったあとの情報配布についても、受け取り手の視点を丁寧に考慮してカスタマイズし、有用性を明確に打ち出す必要があります。

多忙な経営層には、全体のリスク評価や大局的な示唆をまとめつつ、特に重要と思われる論点を絞り込んだレポートを簡潔明瞭に、短時間で読めるようにしておくと効果的です。具体的には「数値目標に対する現状のパフォーマンス」「政治・経済の最新トレンドが今後の事業に与える影響」といったポイントを整理し、読むことに負担がかからないよう配慮します。

一方、現場の社員に対しては、具体的なアクションプランや実務上のヒントとして落とし込みやすい情報を提供することを心がけます。「どの地域・業種で新たな需要が生まれつつあるか」「競合他社がどのような新サービスを打ち出したか」など、日々の業務に直結するトピックを盛り込みつつ、「この分析結果を踏まえて、次に何を行えば効果的なのか」というガイダンスを添えるのです。その際には「これは何を根拠としているのか」「情報の確度はどの程度なのか」をはっきり示すと、受け手も安心して行動に移しやすくなります。

こうした配慮を続けることで、「インテリジェンス部門はただの情報屋ではなく、自分たちの仕事を後押ししてくれるものだ」という認識が社内に浸透し、部門を超えて徐々に信頼関係が醸成されていきます。

意思決定とフィードバックの透明性・組織文化への統合

インテリジェンス・サイクルの終盤では、意思決定の透明性と正当性を社内に向けて明示することが欠かせません。せっかく収集や分析を丁寧に行ったとしても、それらがどのように意思決定に影響を与えたのかが不明瞭なままでは、インテリジェンス活動全体の価値が社内に伝わらないからです。

経営トップや各部門のリーダーが「このような情報と分析をもとに、こう判断した。結果としてこういうリスクを回避することができた」と示せば、インテリジェンス担当者は自分たちの努力が組織の成果に直接貢献していることを実感できます。そして他の部門や社員にもインテリジェンスの有用性への理解が広がります。

もし意思決定の結果が予想通りの成果をもたらさなかったとしても、その過程や根拠をオープンに振り返ることで「何が見落とされていたのか」「どう修正すれば次は改善できるのか」という学習機会が得られます。こうした失敗も含めた検証プロセスは、次のインテリジェンス・サイクルにおいてより的確なインテリジェンスを生成するための基盤となります。そして、このプロセスこそが、全社におけるインテリジェンスへの信頼醸成につながるのです。

ここまで述べた情報収集の透明性、分析過程でのオープンな対話、情報配布の工夫、意思決定の正当性の可視化といった要素を、最終的に組織文化として統合していくことが、信頼関係を長期的に維持するための要諦です。これらは一朝一夕で実現するものではありません。なぜなら、組織文化とは歴史や慣習、人々の考え方が長年にわたって積み重なって形成されるものであるからです。それでも、経営トップから現場まで一貫して「インテリジェンス活動を大切にしよう」「情報を隠さず、必要な人に適切に届けよう」「仮説や推測があってもそれをきちんと検証しよう」というメッセージを出し続け、実際の運用に落とし込んでいけば、少しずつ企業全体に根付いていく可能性があります。

具体的には、毎期の最終ミーティングなどで「インテリジェンスの成果発表会」を開き、関係部署がそれぞれこの一年でどんな情報や分析を提供し、どのような成果や課題があったかを共有する場を設けることも一案です。そこでは成功事例だけでなく、うまくいかなかった例や想定外のリスクに直面したケースなどもオープンにし、組織全体で学習する姿勢を示すとよいでしょう。「どのような情報が欲しかったが得られなかったか」「どのような仮説が甘かったか」といった失敗や改善点を洗い出し、次のサイクルに向けてアップデートを図るのです。

心理的安全性の担保

こうした企業文化を育むためには、心理的安全性を担保する組織風土の整備が不可欠です。インテリジェンスの分析結果がもし外れていたときに、インテリジェンス担当者が厳しく糾弾されるような雰囲気があれば、新しい視点や仮説を提案しにくい空気が漂い始めます。結果として第一章で見えた課題に立ち戻ってしまいます。

そうした負の連鎖を防ぐために、「たとえ失敗しても、そこから学びを得て次につなげる」という前向きな姿勢をリーダーや経営層が自ら示すことが大切です。評価や報酬においても、インテリジェンスに積極的に関わった人材や、質の高い情報を提供した社員が正当に評価される仕組みづくりを行うことで、「インテリジェンス活動をするほど損をする」などといった誤解を払拭できます。報酬だけでなく、会社内での表彰制度やキャリアパスの設計などにおいて、「インテリジェンス」に長けた人材をフォーカスする取り組みも有効となるでしょう。

「自分の意見が尊重される」「失敗があっても学習の糧にできる」という心理的安全性が担保されて初めて、インテリジェンス活動は活発化し、企業にとって実質的なメリットをもたらすようになります。

情報が企業の成果に貢献する

情報収集の透明性を高め、分析段階での対話を重視し、配布時には受け手に合わせた有用性を訴求し、意思決定の根拠や結果を公にして正当性を示し、失敗を含めたフィードバックを企業文化に統合していく。こうしたことで、インテリジェンス・サイクルの信頼性は飛躍的に向上していきます。

信頼関係がしっかりと築かれている状態では、企業のあらゆる部門がインテリジェンスの恩恵を享受できるようになり、より多くの情報が集まり、分析の精度が上がり、意思決定の質も高まるという好循環が起こります。新規事業の立ち上げを検討する際に、リサーチ部門の市場調査や開発部門の技術知見、営業部門の顧客ニーズといった情報がスムーズに統合され、トップが確信をもってゴーサインを出せるようになるかもしれません。あるいは、社会情勢の激変や自然災害などに直面した際も、信頼に裏打ちされたインテリジェンスがあれば、複数の部門が自然と積極的に連携して迅速に被害を最小化する手立てを打てる可能性が高まります。

このようなメリットを享受するためには、日々の運用やコミュニケーションを地道に改善し続ける努力が欠かせません。往々にして組織は、「形だけ整えて満足する」あるいは「忙しさにかまけて、せっかく作ったインテリジェンスの仕組みを十分に活かさない」という状態に陥りがちです。そうした形骸化を防ぐためには、経営層やリーダークラスがインテリジェンスを活用した意思決定プロセスを開示し、さらに従業員に対して「情報提供や分析への参加を歓迎する」というメッセージを繰り返し発信することが大切です。

現場レベルでも、「この情報は分析チームに提供したほうがよいだろう」「最近こういう市場の変化を感じるが、どこかに報告したほうがいいのでは」といった意識が自然と働くようになれば、インテリジェンス・サイクルは日常業務の中に溶け込んでいきます。その結果、「これはインテリジェンスとして活かせる」と思いつく社員が増え、「自分たちの情報や知見が企業の方向性や成果に貢献する」と感じる人が増えていくのです。

ここまで読まれると、インテリジェンス・サイクルを中心に、インテリジェンス担当部門がハブとなって全社のコミュニケーションをつなぐという図式がご理解いただけると思います。それだけ、インテリジェンスを担う部門は企業組織において重要な存在になります。単に分析レポートを提出するための手段ではなく、企業が未来を見据えて持続的に成長するための戦略サイクルであるという認識を共有しなければなりません。そして、それをフルに活かすための鍵は「人と人との間の信頼」にあるのです。

情報を出す人、分析する人、使う人がそれぞれの立場を尊重し合い、やりとりされるデータや結論に対して「しっかり選別されている」「公正に解釈されている」「意思決定に役立つように提供されている」という確信を共有できて初めて、インテリジェンスは組織全体を一つに束ね、的確な方向性を示すコンパスとして機能します。

大事なのは、これらの取り組みを単発で終わらせるのではなく、企業活動のあらゆる場面に組み込み、試行錯誤しながら日々アップデートしていくことです。そうすることで、インテリジェンスが真に息づいた組織文化が育まれるのです。

コラム　情報収集の手法「HUMINT」とは

情報収集の代表的な手法としてヒューミント（HUMINT：human intelligence)

があります。人を介して情報を収集する行為のことを指します。

米陸軍にはヒューミント・オペレーションマニュアルが存在していて、二〇〇六年に刊行されています。マニュアルによれば、ヒューミントは「計画と準備」「接近」「質問」「終了」「報告」の五つの段階があります。通常はこの五段階を連続的に行います。しかし、途中の段階で重要な情報が得られた場合などは、プロセスのどの時点であっても報告することがあります。

私自身は、ヒューミントによって人から情報を得ようとするときには、①選定、②基調、③接近、④獲得、⑤運営、の五つの手順があると考えています。

最初の「選定」は、情報を引き出す対象者を選ぶことです。欲しい情報を持っている候補者が複数いる場合、最も近づきやすい人物は誰なのかを見極めます。その際に、ターゲットに近い組織に属する人物から敵対組織の人物へと範囲を広げながら候補者を選ぶのが、通常の方法です。

二番目の「基調」は、基本調査の略です。ヒューミントの対象となる人物像を分析し、推測することです。基調にはできるだけ時間をかけます。住んでいる場所や家族構成、勤務先などのデータから、学歴や職歴、資産状況、趣味嗜好、交友関係、恋愛関係、行動パターンなど、対象者についての情報を徹底的に集めて、正確な人物像を組み立てます。中でも特に重要なのが、その人の弱み＝悩みです。

「選定」と「基調」は、同時か、もしくは逆の順番で進めることもあります。

三番目の「接近」は、対象者に近づいて、実際に接触することです。重要なのは、出会う方法です。偶然を装うこともよくあります。ただ、面識のない相手にいきなり急接近すると警戒されてしまいます。一度会っただけで目的を遂げようとせず、相手に近づきながら、少しずつ信頼を得ることで、距離を詰めていくほうがいいでしょう。

四番目の「獲得」は、心を獲得することです。「接近」以上に相手との距離を縮めて、大事な情報のやりとりができる信頼関係を築きます。そのために、相手の弱み＝悩みに手を差し伸べるのです。これは弱みにつけ込むことではなく、相手の悩みなど、置かれた立場や状況に心から寄り添って、一緒に解決する姿勢を見せることです。一方で、手を差し伸べ、助けてあげよう、解決してあげようなどという考えは傲慢です。なぜなら、人の悩みは簡単に解決できるものではないからです。正面から向き合い、誠実な態度を示すことが重要なのです。すなわち「誠の心」を持って相手と向き合うのです。

最後の「運営」は、協力者との信頼関係を維持して、継続的に情報を入手することです。協力者から得られた情報の分析と評価も、同時に行っていきます。

このようにヒューミントは、情報を収集する手段であると同時に、信頼関係を築くための方法であることがわかります。

第四章　インテリジェンス・サイクルに必要な人材と能力

「課題設定」をおろそかにするな

これまで、インテリジェンス・サイクルにおける課題と解決方法について見てきました。次に、インテリジェンス・サイクルを回すために、どのような要素が必要なのかについて見ていきます。

インテリジェンス・サイクルに関わる人材には、まず大きく「意思決定者（情報要求者）」と「インテリジェンス担当者」という二つの役割が存在します。意思決定者は自らの戦略や経営判断のために必要な情報を的確に要求できる能力が求められます。一方、インテリジェンス担当者はそれらの要求に応じて情報を収集・分析し、最終的に成果物として提供するプロセスを担うのが大きな役割です。

意思決定者は、企業の経営層や事業部長、時には経営企画部門のトップなど、最終的に戦略を描き、意思決定を行う立場に近い人で、インテリジェンス・サイクルのスタート地点となる「情報要求」を定義する責任があります。「何を、いつまでに、どの程度の精度で知りたいのか」を意識的かつ具体的に設定しなければ、インテリジェンス担当者は調査の方向性を決めることができず、組織として散漫なリサーチを行うことになってしまいます。

「はじめに」でお話を引用させていただいたコンサルタントは、「優れた経営企画の方は、問いを立て、仮説を構築し、それらを検証しながら仮説を見直すプロセスに従って仕事を進めます。ただ意識が『問題解決』のほうにばかり向いてしまい、『課題設定』がおろそかになってしまう傾向もあるようです。インテリジェンス・サイクルにおける情報要求は、適切な課題設定を前提とするものです。『何を問うべきかを問う』議論が不十分だと、インテリジェンス・サイクルがハムスターの回し車のように高速回転するだけで、膨大な徒労で終わります。特に、組織の長には、適切な課題設定力が要求されます」と重要な事実を指摘します。これは、インテリジェンス・サイクル成立のための重要な前提条件であり、意思決定者に要求される重要な能力です。そこで求められるのが「批判的思考」です。

さらに、いかに優れた経営者であっても、抽象的な問題意識のままでは的確な情報要求ができません。インテリジェンス・サイクルでは「いま何をどれだけ知る必要があるか」を適切かつ具体的に定義できるかどうかが、成果を左右する重要なポイントとなります。

求められる批判的思考

意思決定者における批判的思考とは、インテリジェンス・サイクルの出発点である情報要求、つまり要件定義において、自身のニーズを正確に把握し、必要な情報や分析視点を的確に指示できるようにするための思考法です。

前出のコンサルタントは情報要求における思考法について「クリティカルシンキング（批判的思考）はロジカルシンキング（論理的思考）と混同されがちですが、前者は適切な課題設定にエネルギーが向かうのに対し、後者は特定の課題枠組みの中での問題解決にエネルギーが向かいます。不確実性と曖昧性を増す外部環境で企業の成長に必要な戦略思考において重要となるのは、前者の思考です」と分析しています。

そして、情報要求では、意思決定者が単に「これが知りたい」という漠然とした要望を出すだけでは、収集や分析に無駄が生じたり、的外れな成果物がもたらされたりする恐れが高まります。したがって、意思決定者は、インテリジェンス活動において次のような点を意識し、批判的思考を駆使する必要があります。

・要件の洗い出し

何を得たいのか、どのような決定に必要な情報なのかを明確にします。その際、自らの利害や先入観によって要件がねじ曲がっていないかを検証し、別の視点からも妥当性を吟味することが重要です。たとえば、「なぜこの情報が意思決定に不可欠なのか」「過去のデータや他の情報とはどのように関連しているのか」を問うことで、より精緻な要件設定につなげることができます。

・**成果と限界の把握**

要求する情報によって実際にどのような成果を得られそうか、逆に得られない情報や不確定要素は何かといった限界を見極める必要があります。インテリジェンスには、情報の完全な正確性や即時性を期待できない領域もあるため、批判的思考によって「どの範囲まで精度が担保できそうか」「どの程度のリスクや不確実性が残るか」を冷静に見積もり、要求水準を的確に定めることが求められます。

・**分析結果の評価**

最終的に提供された分析結果に対しても、鵜呑みにせず、報告内容の妥当性や裏づけとなる情報源の信頼度を吟味することが批判的思考です。インテリジェンス担当者が見落としている可能性、あるいは一部情報の重要性が過小評価されている可能性を考慮し、追加の疑問点や検証すべき事項を提示することが大切です。こうした建設的なフィードバックは、インテリジェンス・サイクル全体の精度向上に寄与します。

・**意思決定への反映**

受け取ったインテリジェンスは最終的に意思決定に用いられるため、その活用方法や影響を慎重に検討する必要があります。意思決定者は、「この情報は具体的にどういう意思決定につながるのか」「対応策を誤らないためには、どのような追加情報が必要か」などを問い、得られた情報を最適に活用するためのシナリオを複数想定しておくとよいでしょう。

これらを丁寧に実施し、意思決定者が批判的思考をもって要件定義から最終評価までを一貫して見据えることで、インテリジェンス・サイクルが効果的に機能し、より的確かつ実用性の高い分析成果へとつながるのです。

「具体的な問いを設定する能力」の獲得方法

経営者や事業部長などが抱く問題意識は「地政学リスクが高まる地域にどう対応するか」といった、大きな問いになることが多いのですが、これらはまだ抽象的です。そのまま経済安全保障部門などのインテリジェンス担当部門に丸投げすると、調査範囲や分析の焦点が定まらず、「とりあえず情報を集めてみる」という曖昧なリサーチに終始する可能性が高くなります。

インテリジェンス・サイクルの視点では、意思決定者が明確に「何をいつまでに知りたいのか」を情報要求として定義しなければ、インテリジェンス担当者は最適な情報源や手段を選びにくくなります。たとえば、「急速にリスクが高まっているX地域に駐在する自社社員の安全確保策を来月の対策会議で決定したい。そのために、X地域で最近どのような政治・治安情勢の変化が見られるのかを知りたい」といった形に落とし込めれば、インテリジェンス担当者は政府機関の発表や現地メディア、さらにはSNS上の動向を効率的に調査しやすくなるでしょう。

ところが、よく見られる情報要求の粒度は「とりあえず、X地域の状況を調べておいて」というレベルです。これでは「問い」が曖昧ゆえに、インテリジェンス担当者がどの情報を優先して集めるべきかを決められず、調査が広がりすぎて時間やコストを浪費する結果となります。さらに、最終的な報告が経営陣のニーズと合わず、追加調査や分析のやり直しが発生するという悪循環が生じやすくなります。そこで、最初の情報要求で「問い」をできる限り具体化し、不足があれば短いサイクルで仮説を修正しながら調査を進めることが求められます。つまり、意思決定者には「具体的な問いを設定する能力」が要求されるのです。

では、意思決定者はどのようにすれば「具体的な問いを設定する能力」を身につけられるのでしょうか。例として以下のアプローチが考えられます。

・日常の会議体で問う習慣を根付かせる

多くの企業で週次や月次で開かれている経営会議に、「今回の議題は何を解明するために必要な情報なのか」「その情報を得れば何が決まるのか」を必ず確認する場を設けます。これにより、問題意識を問題解決ではなく「問いづくり」にまで落とし込む習慣が浸透します。

・仮説構築にインテリジェンス担当者を巻き込む

一般に、経営者だけでは情報収集の実現可能性が見えないまま仮説を立ててしまう傾向があります。そこで最初からインテリジェンス担当者も参加させ、「この仮説を検証するためなら、このデータと手法を使うのが早い」と具体的な提案を受けることも有効です。こうしたやりとりの中で、どの情報がいつまでに必要なのかが具体化されてきます。

・外部の視点・専門家との対話

意思決定者が自力で問いを立てようとしても、なかなか思いつかなかったり、見落としに気づかなかったりすることがあります。そうした場合、外部コンサルタントや業界アナリスト、学者など専門家との対話を意図的に増やすことが有効な手立てです。彼らに自社の課題を説明し、「あなたの視点から見たときに、この問題を解決するためにどんな情報が必要だと考えられますか」と問いかけることで、新しい示唆を得ることができます。これは何ら恥ずかしいことではありません。

以上からわかるように、意思決定者には「意思決定のゴール」を明確化するよう常に意識することが求められます。時間軸と目標をはっきり設定することで、自ずと「いま必要な情報は何か」が浮き彫りになります。こうしたゴール設定を大事にする意識が根付けば、常に問う姿勢を育みやすくなります。

また、意思決定者には、単に自分自身が問いを立てるだけでなく、その文化を組織へ広める責任があります。インテリジェンス・サイクルを円滑に回すためには、経営層から現場までが「いま必要な情報は何か」「どのような問いに答えれば次の行動が見えてくるのか」を常に考えるマインドセットを共有していることが理想です。

さらに、組織の人事評価や研修制度の中にも、「問いを立てる姿勢」を評価する仕組みや学習プログラムを組み込むことで、長期的に人材の思考レベルを高める効果が期待できます。新しいプロジェクトを立ち上げる際に、「このプロジェクトで解決すべき問いは何か。その問いに答えるために必要な情報要求とは何か」を必ず明文化するよう義務づけるといったルールを設けることで、徐々に企業文化として根付いていきます。意思決定者が先頭に立ち、このような取り組みを促進し続けるリーダーシップこそが、意思決定者に求められる重要な要素なのです。

迅速に意思決定に反映する能力

一方で、問いを立てて、情報要求を定義できるだけではまだ不十分です。意思決定者には、インテリジェンス担当者から上がってきたインテリジェンスを理解・評価し、それを瞬時に経営判断に結びつける力が求められます。企業のトップは多忙であるがゆえに、多量の資料をじっくり読む時間が限られており、また情報が複雑になりすぎると、判断のスピードが落ちてしまうおそれがあります。

そこで要求されるのが「的確なリテラシー」と「短時間で本質を把握する能力」です。経済安全保障上のリスク報告や地政学リスク分析のプレゼン資料を受け取った場合には、「本当に意図されたポイントはどこか」「この結果から次に何をすべきなのか」を素早く把握する必要があります。もし疑問点があればすぐに担当者に確認を取り、訂正や追加調査を求めることで、時間のロスを最小限に抑えられます。このようにインテリジェンス・サイクルをリードする能力があってこそ、インテリジェンス・サイクルが早く回り、ひいては企業の戦略決定がスピーディに行われるのです。

インテリジェンス担当者に必要な能力

インテリジェンス・サイクルにおいて、実際に情報を収集・分析し、インテリジェンスを意思決定者に報告するのがインテリジェンス担当者です。企業によっては経営企画部門にインテリジェンス担当を置くケースもあれば、インテリジェンス担当部門として経済安全保障室のような専門チームを設けている場合もあります。この担当者が高い専門性を発揮しなければ、意思決定者がいくら明確な問いを立てても、適切な情報が集まらず、分析にも不備が生じることになります。

インテリジェンス担当者には、インテリジェンスに関する多くの素質が求められます。

情報収集能力

現代の環境では、インターネット上の公開情報や、ＳＮＳ、各種有償データベース、さらには業界の専門家や学界の研究者とのネットワークなど、情報源は非常に多岐にわたります。インテリジェンス担当者は、これらの情報源を駆使して効率的に必要なデータを収集できなければなりません。ある新興国への進出戦略を検討する場合、現地政府の公表統計やローカルメディアのニュースサイト、専門調査会社のレポートに加え、ＳＮＳのリアルな声を拾うといった、多層的なリサーチが求められるでしょう。さらに、必要に応じて在外公館や業界の有識者へのインタビューを行うなど、オフラインの調査手法も重要になります。そうした幅広い情報源の選択肢を把握し、状況に応じて使い分ける柔軟性が鍵を握ります。

しかし、情報源を知っているだけでは不十分で、情報の入手に関するコスト・信頼性・網羅性などを総合的に考慮できる能力が必要です。高額な国際情勢レポートを購読する必要性を判断する際、そのレポートがどの程度ダイレクトに経済安全保障上の懸念に応えるか、そもそも信頼できる調査機関か、といった検討が求められます。リソースが限られている企業ほど、この判断が成果を大きく左右するでしょう。

処理能力

多様な情報源にアクセスできるとしても、情報の量が膨大になりすぎているため、すべてに目を通すのは事実上不可能です。そこで、意思決定者が提示した情報要求を軸に情報を取捨選択し、時には情報を統合し、分析の優先順位を決める能力が求められます。たとえば、「競合企業Ｘの広告キャンペーン実績を調べたい」という問いがある場合、まずは直近一年間の広告出稿媒体とその費用対効果を最重点で調査し、過去五年分の長期トレンドや他社比較は次のフェーズで検討するといった段取りを組むことが考えられます。こうした計画を明確に立てないまま、「ありとあらゆる情報を集めよう」としてしまうと、時間がかかるうえに資料の山に埋もれ、結局要点が見えなくなる危険性が高まります。そこでやはり要求されるのが、「問いを立てる力」なのです。

さらに、誤った前提の情報要求に対して疑問を呈し、必要に応じて修正を働きかける「チャレンジ精神」も重要です。日本企業にしばしば指摘される「揉め事を嫌い、前提を疑わずに指示に従う」傾向を乗り越えるには、担当者側が積極的に声を上げる文化を育む必要があります。時には、「情報要求自体が誤った仮説ではないか？」という問いさえ持つことも重要なのです。

また、情報の鮮度にも敏感でなければなりません。特に変化が激しい現代では、状況が数ヵ月で一変することもあります。「どの情報をリアルタイムで更新すべきか」「どの部分は長期的な傾向を見れば十分か」を見極める能力が求められます。これを踏まえて取捨選択のプロセスを管理し、意思決定者のスケジュールに合わせて必要最低限の情報を確実に入手・整理する能力が、インテリジェンス担当者の真価を発揮するところです。

示唆＝インテリジェンスを生成する能力

情報を収集し、処理するだけでは不十分です。それが何を意味し、どのような示唆をもたらすのかを論理的に示す力が要求されます。とある国の特許情報を調べたとしても、ただリストを並べるだけでは経営者は判断できません。そこから「この技術領域に注力しており、能力を獲得した後に、他国（私たち）の締め出しが見込まれる」といった仮説を導き出し、そのリスクと対処案を提示するところまで踏み込む必要があります。業界知識や情報要求に関する領域情報といった各情報を高いレベルで統合する能力が求められます。

また、先の意思決定者にも要求されたように、批判的思考によって、情報要求自体の適切性や自身の分析についても問いを設定していくことが求められます。

成果をわかりやすく伝えるコミュニケーション能力

インテリジェンス担当者が発揮すべき重要な能力として、コミュニケーション能力を挙げることができます。どれほど優れた分析結果を導いていても、意思決定者がその内容を短時間で正しく理解できないのであれば、インテリジェンスの価値は大幅に損なわれます。一般に経営層は多忙を極め、かつ多くの情報にさらされています。長い報告書や専門用語にまみれたレポートをじっくり読む余裕がないことが考えられます。そこで、ポイントをきわめて簡潔に示し、詳細データや根拠は別途参照できる形に整備するといった工夫が必須です。

また、質疑応答の場では、意思決定者からの「この数字の根拠は?」「過去事例と比較するとどう違う?」といった質問にも迅速に答えられるよう、ストックしている情報やデータを構造化・整理して準備しておく必要があります。

優秀なインテリジェンス担当者ほど、意思決定者が疑問を持ちそうなポイントを事前に想定し、準備を整えているものです。

インテリジェンス担当者を支援する取り組み

インテリジェンス担当者は、限られた人員・時間・予算を有効に活用しなければなりません。扱うテーマが多岐にわたる場合、「すべてに完璧に対応する」ことは事実上不可能です。そこで有効になるのが、優先順位付けのフレームワークです。たとえば、以下のフレームワークが挙げられます。

・インパクト×発生可能性

まずは、リスクや課題が実際に発生したときのインパクトの大きさ（企業業績や社会的信用への影響度、法令・レギュレーション違反リスク、レピュテーションリスクなど）と、それがどの程度の確率で起きるのかを評価し、優先順位を付けます。大きな不祥事に発展する可能性があるテーマは最優先で情報収集を行い、比較的マイナーな事例や緊急度の低い課題は後回しにするといった具合です。これは非常に一般的な「リスク・マトリックス」と呼ばれるもので、珍しいものではありません。

・時間軸×組織スケジュール

経営会議やプロジェクトのマイルストーンなど、意思決定のタイミングから逆算して「いつまでに、どの情報が必要か」を決めます。長期的な調査が必要なテーマは早めに着手し、意思決定までに必要最低限のアウトプットを間に合わせるように計画を作成します。

・コスト×効果

有償データベースの購読や外部コンサルタントへの依頼など、コストが高い手段を使う場合は、その投資によるリターンを評価します。リターンについては、金額換算によるリスク回避だけでなく、「将来の経営判断や事業戦略をどれほど正確かつ効率的に行えるか」という質的な面も含めて判断するとよいでしょう。

・複数の情報要求×整合性

社内で複数のプロジェクトが同時並行で情報要求を出してきた場合、共通するデータソースや分析手法があれば横串を通し、一度の調査で複数案件に対応できるようまとめてしまうなど、効率を高める工夫が必要です。同じ情報基盤を活用してスピードアップを図ることで、担当者の負荷を軽減するだけでなく、成果の一貫性も保ちやすくなります。

このような優先順位付けを明確にしておくことで、限られたリソースの中でも重要度と緊急度の高いテーマに集中し、意思決定者への成果物を迅速かつ的確に提供できるようになります。

また、インテリジェンス担当者が効率的にリサーチ・分析を行うには、意思決定者がバックアップとして体制面やツールを整備することが大切です。たとえば、以下のバックアップが有効です。

・情報共有プラットフォームの導入

企業内ポータルやクラウドベースのナレッジ共有システムを導入し、各部門からの情報提供とインテリジェンス担当者の成果物を一元管理します。必要なニュースフィードやレポート情報を自動収集し、担当者が注目すべき項目をピックアップできる仕組みを備えると効果的です。社内のコミュニケーションツールとも連携させ、必要な情報へアクセスしやすい環境を整えましょう。

・**分析支援ツールの活用**

オシントやＳＮＳ分析を自動化するツールを用いることで、人手による単純な情報収集作業を省力化できます。あらかじめ設定したキーワードをもとに、ニュースやＳＮＳ投稿を自動的にクローリング・要約してくれるソフトウェアを導入すれば、インテリジェンス担当者はより高度な分析に時間と労力を振り向けられるでしょう。

・**部門横断連携体制の整備**

経営企画部門・法務部門・ＩＴ部門・現場部門などが連携できるワークフローを整備し、重要テーマの情報共有や意思決定プロセスがスムーズに進むようにします。新規市場への参入リスクを評価するときは、法務が法規制面を、ＩＴがシステム対応面を、現場が実務上の課題をそれぞれ提供し、それらをインテリジェンス担当者が統合して経営層へレポートする、という流れを明確にしておくとよいでしょう。

・**人材育成と外部ネットワークの活用**

ＩＴツールだけではカバーしきれない専門知識や生の情報を得るために、外部ネットワーク（行政機関、大学研究者、業界団体、シンクタンクなど）を活用しやすい体制を作ることも重要です。意思決定者が予算や契約の面で後押しをすることで、担当者は必要なときに専門家からの助言や追加データを迅速に得られるようになります。

こうした体制整備やＩＴツールの導入によって、インテリジェンス・サイクルを効率的に回しやすくなります。結果として、企業が抱えるさまざまなリスクや課題に迅速かつ的確に対応し、戦略的な意思決定をサポートできる土台が整うのです。

意思決定者・インテリジェンス担当者に要求される最重要要素——「Need To Know」「Need To Share」「How To Share」

インテリジェンス・サイクルを活用する際、どのように情報を扱い、共有するかという問題はきわめて重要です。経営の重要な一翼を担い、機微な情報が多数行き交うインテリジェンス・サイクルにおいては、「Need To Know」「Need To Share」「How To Share」という三原則は外せません。

これは企業に限らず、政府機関などでも基本コンセプトとして取り入れられており、徹底して運用できるかどうかがインテリジェンス・サイクルの成否を左右するでしょう（巻末の付録１「インテリジェンスにおける情報取扱適格性チェックリスト」も参照）。

・Need To Know

「Need To Know」は、文字通り「その情報を知る必要がある人にだけ共有する」という原則です。企業が取り扱う機密情報には、新製品に関する情報やそもそも企業としての意思決定など、外部に漏れればダメージが大きいものも多く存在します。特に、競合企業がこの情報を入手すれば先手を打たれる可能性も高く、競合優位性を大きく損ねかねません。また、社内に対しても、開示範囲を広げすぎると誤解や混乱を招く恐れがあるため、誰がどのレベルの情報までアクセスできるかを厳格に定めることが必要です。

ただし、過度に「Need To Know」を強調すると情報が縦割り化され、「Need To Share」が損なわれるリスクが生じます。したがって、「Need To Know」はあくまで情報の機密度合いと関与者を精査しながら、緻密に調整していく必要があります。

・Need To Share

「Need To Share」は、「本来必要とする人へ情報をきちんと共有しなければならない」という、「Need To Know」とは逆の視点からの原則です。組織には、情報を抱え込む文化が存在する場合が多く、特に縦割り構造の強い企業では、各部署やチームが収集した情報を自身の資産として閉じ込めてしまいがちです。これによって、企業全体で見れば有益なシナジーが得られるはずの情報が、部分的にしか活かされずに終わってしまうケースは少なくありません。

インテリジェンス・サイクルでは、企業の意思決定を支援するために、得られた情報をしかるべき部署や担当者に共有してこそ価値を生みます。ここで重要なのは、「どの部署がこの情報を必要としているのか」を見極める組織横断的な視点であり、それを推進するためのコーディネート役を明確にすることが重要です。これは、インテリジェンス担当部門が担うことが望ましいでしょう。

・How To Share

「How To Share」は、「情報をどのような手段やプロセスで共有するか」を扱う視点です。メール、チャットツール、クラウド上のファイル共有システム、対面会議など、手段はさまざまですが、機密度合いと使いやすさのトレードオフを常に考慮しなければなりません。

企業内SNSや全社掲示板のように情報を広く公開すればスピードと透明性は高まりますが、同時にセキュリティリスクも増大するのは言うまでもありません。一方、暗号化された専用プラットフォームで権限管理を厳しくして共有すれば、機密保持はしやすくなるものの、アクセスする側の手間が増え、情報活用のスピードが落ちる可能性があります。

また、情報を共有する際には、その情報の「旬」や「保存期間」も考慮すべきです。最新の業界レポートは一定期間が経つと価値が下がる可能性が高いため、わざわざ長期保管する必要がないかもしれません。一方、特許情報や法規制に関する資料のように、長期間にわたって参照する価値があるものは、整理してアーカイブし、後から参照できる形を整えておくことが重要になります。

こうした運用設計をうまく行うことで、インテリジェンス担当者と意思決定者を含む全社の情報需要を柔軟に満たせる仕組みが完成します。これは簡単なものではありません。

クリアランスの必要性

クリアランスは、組織内で重要情報を段階的に管理する際に活用されます。インテリジェンス・サイクルを回す過程では、プロジェクト単位での戦略情報や、全社に関わる機密情報を扱うことも多く、これらが外部に流出すれば大きな経済的損失や信用失墜につながる可能性があります。

たとえば、経営層や役員クラスは、適格性を評価されたうえで、企業の全方位的な情報にアクセスできる権限を持ち、部門長は、自分の担当領域に関連する機密情報のみフルアクセスが許される、といった具合にランクを定めます。インテリジェンス担当者の場合、広範な情報源を調査しなければならないため、通常よりも高いクリアランスを与えられることがありますが、同時に適格性を評価され、守秘義務や情報管理について厳しい責任を負うことになります。場合によっては契約書や誓約書により、退職後も一定期間は特定の情報を他社や第三者へ漏らさないよう義務づけられることも一般的です。

一方で、クリアランスレベルを細分化しすぎると、今度は業務効率が低下し、「Need To Share」を妨げるリスクが高まります。新規に参加したばかりのインテリジェンス担当者がいる場合、クリアランスの付与に時間がかかり、必要な情報にアクセスできず、意思決定が遅延してしまうかもしれません。また、人事異動や組織再編が頻繁にある企業だと、その都度クリアランスを見直す手間が発生し、手続きの煩雑さが社内の不満や混乱を招く可能性もあります。

したがって、クリアランスの運用では、企業の規模や事業内容に合わせて「どこまで厳密に管理すべきか」を見極めるバランス感覚が求められます。適度に柔軟な運用ルールを定め、過度に負担が増えないように工夫しながらも、機密情報の安全性を確保する仕組みを構築することが理想的といえます。

この点では、自社において「重要」であり、流出した際の「インパクト」が大きく、自社の競合優位性を毀損するものであったり、チョークポイントなどの脆弱点が露見するような情報を定義し、これらの情報に接する社員に対してクリアランスを付与するような「独自クリアランス制度」を構築することも検討すべきでしょう。特に、このような取り組みを内外に示すことで、積極的に情報保全に取り組んでいるといった自社ブランディングの一翼を担う可能性もあります。一部の先進的な日本企業では、適格性の評価も含めて独自クリアランス制度を構築しています。

以上のように、インテリジェンス・サイクルを定着させるには、意思決定者とインテリジェンス担当者の能力開発が不可欠であり、同時に情報管理やセキュリティ面の仕組み(Need To Know、Need To Share、How To Share、クリアランス)がしっかりと機能している必要があります。そして、企業の最上層部が積極的にその運用を支援し、組織全体として「問いを立てる意識」や「分析結果を迅速に活かす文化」を育むことが、最終的に大きな分岐点となるのです。

コラム　情報収集の手法「HUMINT」に必要な要素とは

米陸軍のヒューミント・オペレーションマニュアルによれば、情報を集める担当者「コレクター」には次の要素が必要とされています。

一点目は注意力です。コレクターはヒューミントの収集を行っている間に、警戒しなければならないことがいくつもあります。まず、協力者から提供される情報について、その情報の価値と真実性の両方を常に評価しなければなりません。協力者の発言内容だけでなく、発言の方法やボディーランゲージにも注意を払って、協力者の発言の真実性や協力の度合い、現在の気分を評価する必要があります。

また、協力者の発言にいつ休息を与えるのか、あるいは、いつ協力者に強く迫るのかなどについて、適切なタイミングをはかります。ヒューミントの収集をしながら、相手はもちろん、自分の身の安全も確保するために、常に周辺に注意することも求められます。

二点目は忍耐と機転です。コレクターは根気よく収集活動を続けながら、時には機転を利かせて、協力者との間に信頼関係を築きます。信頼関係を維持することが、尋問の成功につながります。

その際に、焦りは禁物です。焦りを見せると、協力者が気難しい場合には、もう少し無反応でいれば質問をやめるだろうと思われてしまいます。そうなると、協力者から自分への敬意を失わせることになり、情報収集の効果を低下させます。

三点目は信頼性です。コレクターは明確で、正確で、かつ専門的な成果物を提供しなければならず、複雑な状況や概念を明快に表現することが求められます。また、協力者との信頼性を維持して、信憑性のある一貫した態度を示すことや、約束したことは必ず実行することが必要です。

四点目は、客観性と自制心です。コレクターは入手した情報を、客観的に評価します。質問をしているときに、協力者に実際に経験したか、擬似体験したような感情的な反応が出てくることがあります。その場合でも、コレクター自身は客観的で冷静な態度を維持することが求められます。

質問中に主導権を失わないためには、本物の怒りや苛立ち、同情、疲れなどを表に出さない卓越した自制心が必要です。また、必要に応じて感情を偽ることもあります。

五点目は適応能力です。コレクターは遭遇する協力者の多種多様な性格に適応する必要があります。そのためには、協力者の立場になった自分を想像してみることが有効です。協力者の性格に応じて、質問とアプローチの技術をスムーズに変えることができます。

六点目は忍耐力です。単に優秀なコレクターと、特に優秀なコレクターの違いは、目的に対する粘り強さがあるかどうかで判断できます。協力者からの協力が得られず困難な状況になったときに、簡単に落胆するようなコレクターでは、作戦を成功に導くことや、貴重な情報につながる糸口を探ることはできないでしょう。

七点目は外見と態度です。コレクターの個人的な外見は、収集活動や協力者の態度に大きな影響を与えることがあります。プロフェッショナルな外見を心がけることが、協力者に好意的に受け止められることにつながります。態度に公正さや強さなどが反映されていれば、協力者との信頼関係はより強固になるかもしれません。

以上の七点の要素がコレクターに求められます。

第五章

「守り」のインテリジェンス・アプローチ
リスク・インテリジェンス・サイクル

ここまで、インテリジェンス・サイクルの基礎や課題、必要な要素について説明してきました。そろそろ、「実際にこれをどう使うのか」を知りたい方も多いのではないでしょうか。本章では、その応用編ともいえる「リスク・インテリジェンス・サイクル」を紹介します。これは、従来からあるインテリジェンス・サイクルをベースにしながら、ビジネス上のリスク対応に特化した構造を意識的に取り入れたアプローチです。

リスク・インテリジェンス・サイクルの最大の特徴は、一つの大きな円環（インテリジェンス・サイクルの基本形）を回しつつ、その周囲に複数の小さなインテリジェンス・サイクルが同時に稼働する、いわゆる「アメーバ型」の運用形態を採用している点です。具体的には、企業や組織内で、軍事や政治動向を扱うチーム、サプライチェーンの安全を扱うチーム、人的リスクやレピュテーションを扱うチームなど、複数の専門グループがそれぞれの領域で小さなサイクルを回しながら、最終的には経営トップやリスク管理委員会の運営する大きなサイクルへ情報を集約していきます。

これによって、日々刻々と変化する外部環境に対して、組織全体が機敏に対応できる「動的なリスクマネジメント」を実現しやすくなるのです。

本章では、朝鮮半島有事を例として、このリスク・インテリジェンス・サイクルが企業の

「守りのインテリジェンス」としてどのように機能するのかを考察します。

朝鮮半島有事によって企業が直面するリスク

二〇二五年二月現在、北朝鮮とロシアの接近が顕著になり、ウクライナ侵攻を巡る国際対立と併せて朝鮮半島情勢の複雑化が進んでいます。韓国国内でも尹錫悦《ユンソンニョル》大統領が二〇二四年一二月に戒厳令を宣布し、翌月には内乱容疑で拘束されるなど、政治や社会が不安定化しているとの報道が相次ぎ、周辺国にとって大きな懸念材料になりつつあります。「台湾有事よりも朝鮮半島有事の可能性が高い」という見方を示す専門家も少なくなく、日本と地理的にも近いこの地域で万一の事態が起こると、企業活動への影響は決して小さくありません。実際に軍事衝突や政治的混乱が発生すると、企業は人命保護やサプライチェーンの寸断、金融・経済リスク、さらにはレピュテーションへの影響など、多面的なリスクに一気にさらされる可能性があります。

たとえば、韓国国内に製造拠点や取引先を持つメーカーは、港湾の封鎖や輸送網の混乱によって世界各地で生産ラインが止まり、甚大な経済的損失を被るかもしれません。為替が急激に変動すれば、ウォン相場の急落による為替差損や、投資家心理の冷え込みによる株価下落が避けられないかもしれません。北朝鮮による挑発や韓国政府の対応の結果、現地に駐在する社員をどのタイミングで退避させるのか、あるいはどういうルートを使うべきなのか、そうした人的リスクの管理も大きな課題です。

また、学術機関の研究によると、「限定的軍事衝突」「大規模軍事衝突」「政権崩壊シナリオ」などいずれのケースでも、朝鮮半島の不安定化は東アジア全体、さらにはグローバルなビジネス環境に波及し得ると指摘されています。朝鮮半島有事がもたらすリスクは軍事だけでなく経済・社会面でも非常に大きいのです。

こうしたリスクに対し、企業はどのように対応すればよいのでしょうか。まず、一般的な手法としては、ＩＳＯ３１０００やＣＯＳＯ ＥＲＭといったリスクマネジメントのフレームワークがあります（図４参照）。ＩＳＯ３１０００はリスクの洗い出しから分析・評価・対応・モニタリングまでのプロセスを示し、ＣＯＳＯ ＥＲＭはリスク管理を経営戦略と統合する枠組みを提供します。これらは企業がリスクを体系的に把握するうえで有用なフレームワークですが、朝鮮半島有事のように情勢が急激に大きく動く場合に、「常時アップデートされる情報を素早く分析し、組織内で共有し、次々に仮説を修正する」という動的対応を行うには、もう一段の工夫が必要になるかもしれません。

その際に対応できる方法が「リスク・インテリジェンス・サイクル」なのです（図５参

図4　ISO31000のフレームワークの一例

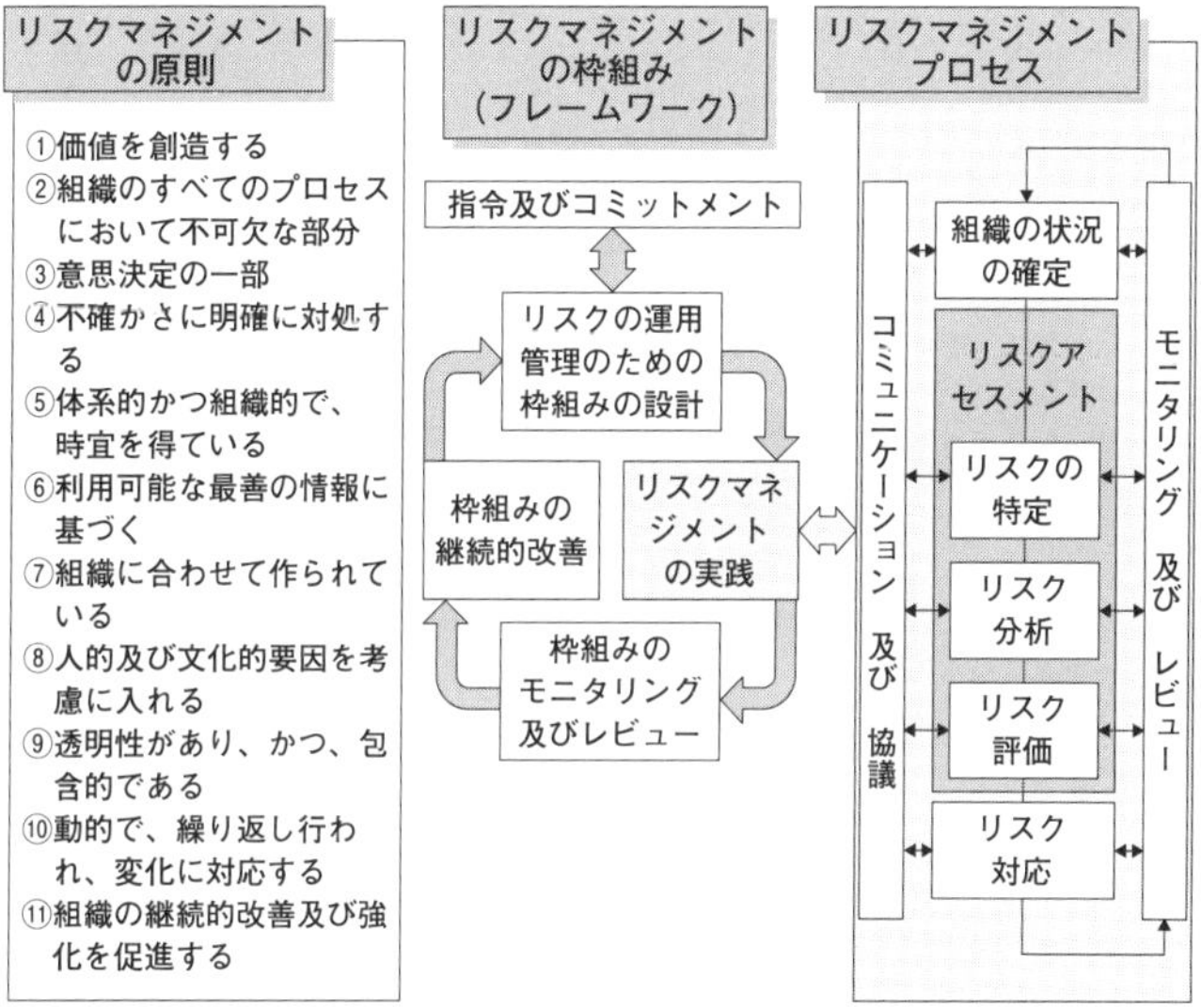

© 株式会社インターリスク総研（現・MS＆ADインターリスク総研株式会社）2011

照）。これはインテリジェンス・サイクルをリスク管理に応用したもので、ISOやCOSOが得意とする「組織内での管理体制やリスク評価手法」を活かしつつ、そこでは手薄になりがちな「外部情報のリアルタイムな取得」「継続的なフィードバックによる学習」を補完する狙いがあります。

　リスク・インテリジェンス・サイクルの最大の特長は、複数の専門チームが同時並行で〝小さなインテリジェンス・サイクル〟を回し、最終的に〝大きなインテリジェンス・サイクル〟へ情報を集約する「アメーバ型」の運用形態で

図5　リスク・インテリジェンス・サイクル

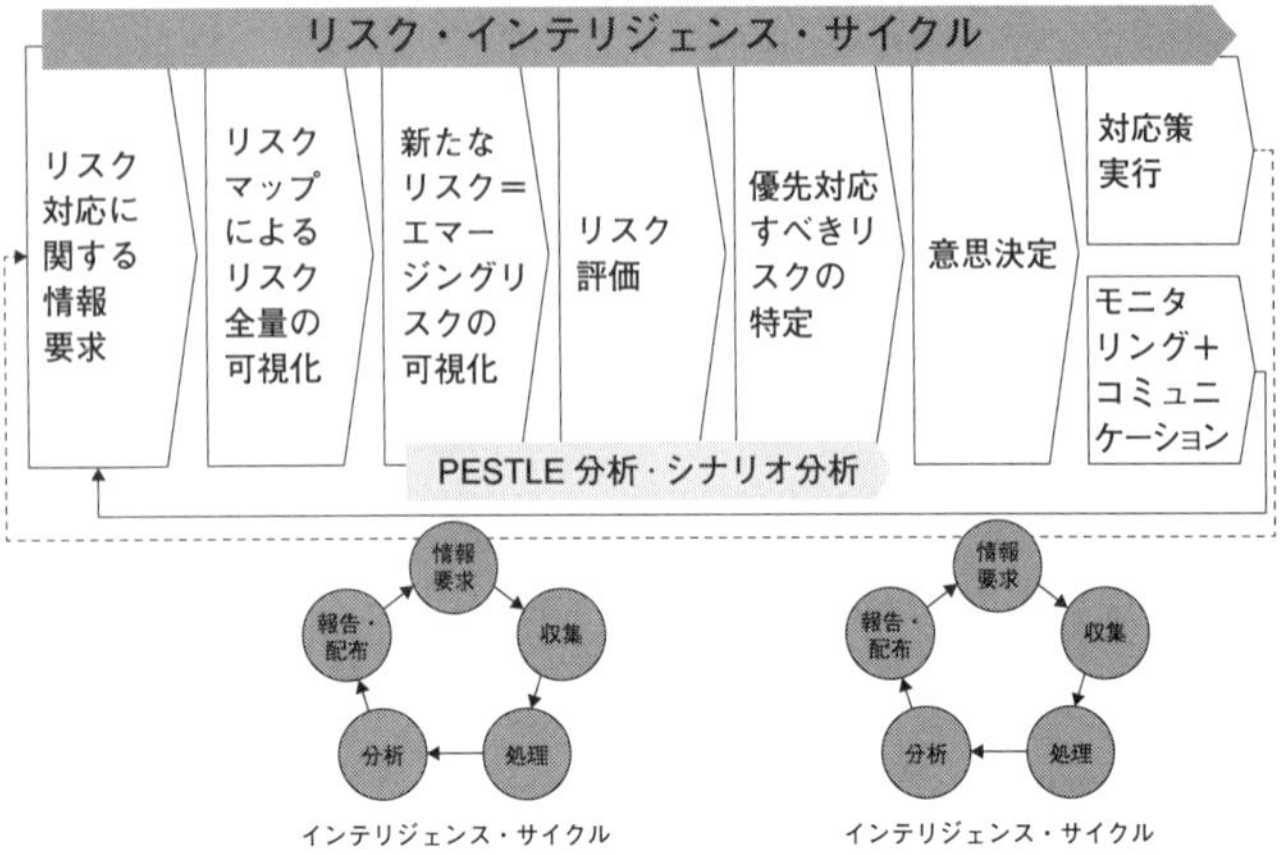

図中のPESTLE分析とは、Political（政治的）、Economical（経済的）、Sociological（社会的）、Technological（技術的）、Legal（法律的）、Environmental（環境的）の６つの観点による分析のフレームワーク

す（第二章も参照）。

　軍事・政治動向チーム、サプライチェーン分析チーム、人的安全管理チーム、金融リスクや法務・レピュテーション管理チームなどが、それぞれ独自に情報を収集・分析し、必要に応じて相互連携しながら、経営トップが運営する大きなサイクルに報告を行います。こうすることで、現場レベルの観点や専門知識と、経営戦略上の優先順位がうまく結びつき、組織全体が素早く動けるようになるわけです。

　また、情報収集と分析で終わらず、配布とフィードバックを繰り返す点も重要です。たとえば、意思決定者が受け取った分析結果に対して「ここをさらに掘り下げてほしい」「この仮定は変わりつつあるのではないか」といった指示を出すことで、チームが新たな疑問点を追究し、情報を再度収集・分析するという流れが生まれます。朝鮮半島で情勢が急転し得る中では、こうしたフィードバック・サイクルが存在してこそ、ミサイル発射や政権崩壊の兆しといった突発的リスクを捉えやすくなるのです。

リスク・インテリジェンス・サイクルの活用イメージ

では、実際に朝鮮半島有事を例にイメージしてみましょう。

サイクルの流れ

リスク・インテリジェンス・サイクルでは、以下のような流れが想定されます。

1　情報要求の明確化

経営陣やリスク管理委員会が「朝鮮半島情勢が悪化した場合、自社はどんなリスクをどの程度抱えるのか」をはっきりさせます。ここで「軍事・政治」「サプライチェーン」「人的安全」「金融」「法務」などの専門チームを設定し、それぞれ小さなインテリジェンス・サイクルを回す役割を担わせます。そして、インテリジェンス担当部門を中心に、次のような専門チームがそれぞれ小さなインテリジェンス・サイクルを始動させます。

2　情報収集と分析(小さなサイクルが並行して稼働)

軍事・政治動向チームは、北朝鮮や韓国政府の公式発表、ニュース、SNS、シンクタンクのレポートを毎日チェックし、ミサイル試射や政治不安の兆しを探ります。サプライチェーンチームは、韓国国内の港湾や空港、陸路の混乱リスク、物流保険の引き受け条件、代替ルートの可能性などを洗い直し、いつでも切り替えられるよう計画を用意します。人的安全管理チームは、駐在員や現地スタッフの人数、避難経路、緊急連絡網などを再確認し、実際に事態が進行した場合の退避シナリオをシミュレーションします。金融リスクや法務・レピュテーションを扱うチームは、ウォン相場の動揺や国際的な制裁強化の動き、日本政府や米国政府の対応などを追いながら、レピュテーション面のリスク管理や資金繰りへの備えを検討します。

3　大きなサイクル(インテリジェンス担当部門)で情報を統合し、意思決定へ

小さなサイクルで生まれた分析結果は、インテリジェンス担当部門が集約して〝大きなサイクル〟に連携します。経営陣やリスク管理委員会は、報告内容を踏まえて、どのリスクが現時点で最も深刻なのか、どの順番で手を打つべきか、どこまで予算を割くかなどを意思決定します。

4　配布

分析結果がまとまったら、現地責任者や各部門に適切な形でインテリジェンスを配布します。経営トップには要点を絞ったサマリー、現地担当者には具体的なマニュアル、財務チームには為替ヘッジの助言――というように、それぞれに必要な情報を最適化して渡すイメージです。

5　フィードバックと学習

配布されたインテリジェンスを受け取った部門は、疑問点や追加要望を速やかにフィードバックすることで、次のサイクルが活性化します。各チームがモニタリングを継続しつつ、実際に朝鮮半島情勢が大きく動いたら、また新たな疑問点や仮説が浮かぶでしょう。緊張が極度に高まった状態で突発的に核実験が行われた場合には、「いつ駐在員を帰国させるか」など、より差し迫った状況が発生する可能性があります。ここで大きなサイクルが情報要求を再提示し、小さなチームが追加調査を行い、改めて分析して報告する――この繰り返しが、学習と仮説修正を可能にし、リスク対応を実効性のあるものにしていきます。

情報管理の重要性

リスク・インテリジェンス・サイクルを運用するうえで大きな課題となるのが「どこまで

誰に情報を共有するか」という問題です。「Need To Know」「Need To Share」「How To Share」という視点がしばしば挙げられますが、リスクの種類や社内外の状況によって、〝必要以上に情報が広がるとパニックを招きかねない〟場合と、〝せっかく分析した情報を共有しないまま意思決定が遅れる〟場合の両方があり得ます。とくに朝鮮半島有事のようなテーマでは、誤った流言飛語が社内外に拡散する可能性も考慮しなければなりません。

こうした情報管理の仕組みは、単なる作業ではなく、企業のリスク対応力を左右する重要な要素です。朝鮮半島有事のようにいつ何が起きても不思議ではないリスクを扱うならば、常日頃から「仮に今こういう動きがあったら、どの部門がどう動くのか」をイメージし、コミュニケーション手段を整備しておく必要があります。大げさに聞こえるかもしれませんが、いざ緊急事態になってから慌てて連絡網を構築しようとしても、混乱するだけで手遅れになりがちです。

外部ネットワークと内部連携

朝鮮半島有事のようなリスクは、企業が自社内部の情報だけで乗り切るのは難しい面が多々あります。軍事・政治、経済情勢、国際法や制裁関連のルールなど、専門性の高い分野が絡み合うため、外部ネットワークをいかに活用するかが鍵を握ります。具体的には、学術機関やシンクタンク、専門家、政府機関や在外公館のアラート情報、民間の危機管理会社が提供するリスク評価などを日常的に受け取り、企業内のインテリジェンス担当部門が評価・分析する仕組みです。

一方、社内でも経営企画、人事・総務、サプライチェーン管理、法務、広報など多くの部門が協力し合わなければ、朝鮮半島有事のような複合リスクには対処しきれない可能性があります。ここでも、リスク・インテリジェンス・サイクルの「アメーバ型」が有効です。たとえば、人的安全管理チームが得た避難情報を法務チームが参照し、さらにサプライチェーンチームが物流シナリオを修正し、金融チームが為替ヘッジを早めるといった連動ができれば、組織全体が一体となって対応策を整備できるでしょう。

リーダーシップの強化と訓練の徹底

リスク・インテリジェンス・サイクルは、各チームの連携や外部ネットワークの活用、フィードバックの設計といった細部がしっかりしていても、トップのリーダーシップがなければ本来の力を発揮しにくくなります。なぜなら、経営トップが「平時からリスク・インテリジェンスに投資する意義はあるのか」と疑問を抱き、予算や人員を割こうとしない場合、専門チームがどれだけ頑張って情報収集や分析をしても、それを最終的に〝意思決定〟につなげる体制が弱体化してしまうからです。

もう一つ大切なのが訓練や演習です。特に朝鮮半島有事のような事態は、いざ起きればあっという間に緊迫するため、事前にシミュレーションしておかないと戸惑いが大きくなるでしょう。デスクトップ演習や机上シミュレーションなどを使い、仮に「北朝鮮が韓国に対して部分的攻撃を断行し、周辺国が制裁を強化する」シナリオにおいて自社はどう動くのかを検討しておきます。誰が連絡を受け、どの部門が追加調査を行い、どの段階で経営トップが判断を下すか、そうした流れを可視化するのです。この過程で起こる齟齬《そご》や不備を一つひとつ解消し、次のリスク・インテリジェンス・サイクルに組み込むことで、組織が強くなっていきます。

リスク・インテリジェンス・サイクルにより、日々モニタリングしているチームが小さな異変に気づけば、経営トップに迅速に報告し、社員や取引先の安全確保やサプライチェーン迂回などの決定を素早く下せます。分析結果を的確な形で配布し、意思決定者が複数の選択肢を冷静に比較検討できるため、リスク対応を漏れなく行う可能性が高まります。そして、周囲が混乱している状況でも、自社が素早い対応と適切な情報開示を行えば、社内外からの信頼を得られるでしょう。

ここまで、朝鮮半島有事という重大なリスクを題材に、リスク・インテリジェンス・サイクルの活用イメージを見てきました。国際情勢の変化が速く、影響範囲も広大な時代にあっては、ISO31000やCOSO ERMなどの既存フレームワークだけでは「動的な情報収集とリアルタイム対応」が手薄になる恐れがあります。そこを補完するのが、日常的にオシントやSNS、研究機関のレポートなどをモニタリングし、小さな分析サイクルを回しながら大きな意思決定サイクルへ還元するリスク・インテリジェンス・サイクルなのです。

特に、配布した分析結果をどう〝使ってもらうか〟、そしてそれがどのように新たな疑問や追加調査を呼び起こすか、ここを丁寧に設計することで、組織全体が「常に学習と仮説修正を続ける」柔軟な体質に変わっていくはずです。

いずれにせよ、朝鮮半島に限らず、地政学リスクや不確実性が高まっている現在、既存フレームワークとリスク・インテリジェンス・サイクルを組み合わせることで、企業は「守り」としてのインテリジェンス活用を強化し、いざというときに社会的責任を果たしながら被害を最小化する対応施策を整えることができるでしょう。最終的には、単なる防御だけでなく、予想される事態に先回りして戦略を組み立てる〝攻め〟の一面も見えてくるかもしれません。それこそが、リスク・インテリジェンス・サイクルがもたらす最大の強みだといえます。

経済安全保障における技術流出対策

ここでは、これまでの内容をさらに発展させ、経済安全保障における技術流出対策の具体的な流れを、インテリジェンス・サイクルの視点から整理します。

技術流出という問題は、企業レベルの損害を引き起こすだけでなく、国家や社会全体に甚大な影響を与える可能性があります。特に先端素材などの高度なノウハウが外部へ流れれば、国際関係や安全保障の均衡が崩れ得る点で、経済安全保障上の脅威として注目されています。企業がこうしたリスクに対応するには、これまで語ってきたインテリジェンス・サイクルを導入し、社内外の情報を絶えず収集しながら動的に対策をアップデートする仕組みが欠かせません。ここでは、そうした仕組みをどのように設計し、運用すればよいかをもう少し掘り下げて考えていきます。

技術流出を巡る脅威は「内的脅威」と「外的脅威」に大別されます。

内的脅威は企業内部から起こるインサイダーリスクを指します。高度なアクセス権限を持つ従業員が不満や金銭的動機から技術情報を持ち出す、あるいは委託先のスタッフがセキュリティルールを破って外部にデータをコピーしてしまうなどの事例が挙げられます。これらの不正行為の背景には、社員の企業へのロイヤリティの低下、離職や金銭的欲求、政治的動機などが潜んでいるかもしれません。

外的脅威とは企業外部のアクターからの攻撃や関与であり、国や競合他社、犯罪組織などが典型例です。ここで重要なのは、彼らが違法行為（ハッキング、スパイ活動）だけでなく、合法的手段（正規の買収、共同研究、フロント企業による取引）を巧みに組み合わせる場合がある点です。特定国や特定企業が、表向きは正当なビジネスや学術交流に見せかけてコア技術を入手するケースは、近年ますます増えていると言われています。さらに、サプライチェーン上のチョークポイントに着目し、そこを押さえることで重要技術を迂回的に取得する手法も指摘されています。

また、内的脅威と外的脅威が複雑に絡み合うケースもあります。海外の組織が社内の従業員を取り込んで唆《そそのか》し、機密情報を流出させるといった筋書きです。この場合、外部の買収や共同研究に対する警戒だけでなく、内部の従業員が組織に不信感や不満を抱えていないか、また金銭的・思想的に脆弱性を抱えていないかといった〝人的脆弱性管理〟がポイントになります。

企業が技術流出を防ぐための対策を大まかに見たとき、以下のような流れが典型的に挙げられます。この流れ自体は、他の情報セキュリティやコンプライアンス関連の文脈にも通じる要素がありますが、経済安全保障の観点を取り入れることで、その優先度や具体的手法が変わってくる点に留意しなければなりません。

はじめに、まず守るべき技術情報を明確にする必要があります。重要な技術情報を棚卸し、その中でも不可欠な情報の保管場所や管理方法、アクセス権者などを把握していくことが第一歩になります。次に、技術情報の評価を行います。市場や業界、国家戦略上の重要度、あるいは代替可能性、流出が起こった際の影響度など、複数の観点から検討することが望まれます。この際、チョークポイント評価を行うのも有効です。企業が持つ重要技術を構成する素材やプロセス、設備、インフラや環境などをリストアップし、依存度や代替可能性、供給途絶リスク、影響度といった軸で評価します。こうした作業を通じて、どこが最も流出リスクの高い部分なのかが明確になるはずです。

重要技術を棚卸し・評価した後は、脅威評価に取りかかります。脅威プレイヤーとは具体的に誰を指すのか、彼らはどのような手法を用いて技術を取得しようとするのかを想定します。脅威プレイヤーにとってこの技術は本当に必要か、彼らはすでに同等の技術を保有しているのか（特許出願の状況など）といった点も見極めます。

こうした情報をもとに、重要技術に対する漏洩シナリオを組んでいきます。すべての技術ではなく、特に重要度の高い上位二〇％程度に絞って検討することも一案です。漏洩シナリオ自体を、実現可能性や影響度、自社の防止度（予防策としての抑止や制御の仕組み）、秘密管理性、経済安全保障上のトレンドなどの軸で評価し、危険度の高いシナリオを選定します。そして、シナリオをもとに机上訓練やブラックボックス方式の演習を行い、実際にどこまで検知や対応が可能かを検証します。その結果を踏まえて、可視化された脆弱点に対する具体的な対策を立案するのです。

なお、漏洩シナリオを構築するときは、内的脅威と外的脅威を問わず、違法・合法の両方の手段を想定することが重要です。シナリオ検証を実践的に行い、関連部門の危機意識を高めるとともに、どのような場面で具体的な脆弱点が露呈するのかを明らかにできます。演習によって発見した脆弱点には、適切な対応策を講じることが欠かせません。

例としては、中国やロシアといった国家が合法的に買収を仕掛けてくるケース、競合他社が特定の社員を引き抜くケース、あるいはサイバー攻撃で図面データを盗むケースが挙げられます。従業員Xが社内の重大技術をUSBにコピーし、海外の大学に持ち込むケースを想定するとしましょう。こうした場面を具体的に描くことで、誰がどこで止めるべきだったか、USB使用を完全に遮断するのが現実的か、代わりにモバイル機器の管理をどうするか、人的脆弱性ケアがあればそもそも従業員Xが不正に走らなかったのではないか、など多様な改善点が見えてきます。特に経済安全保障の観点では、国家の安全保障にも深刻な影響を与える可能性がありますから、法務部門や警察当局への通報手順も慎重に設計しなければなりません。

実際にこうしたシミュレーションを行い、訓練をすることが、対策の重要性を社内に浸透させる一助にもなり、劇的な意識向上が見込めるのです。

社員が抱える脆弱性を把握する

これらに加え、人的脆弱性管理として、企業が高度なアクセス権限を持つ従業員の脆弱性を評価し、外的脅威との接近を警戒しながら、同時に性善説に基づく従業員ケアをバランスよく進める施策を行う必要があります。経済安全保障室のような専門組織を社内に設け、そこで高度アクセス権を持つ従業員（いわゆる重要社員）の情報を集約し、脆弱性や環境変化、外部ネットワークの動きを分析・評価することが推奨されます。

具体的には、ＭＩＣＥフレームワークなどを用いて、重要社員がどのような動機や脆弱性を抱えているかを把握しようとする取り組みが考えられます。ＭＩＣＥとは金銭(Money)、イデオロギー（Ideology)、強要・脅迫（Coercion)、エゴまたは不満（Ego）といった人が持つ脆弱性を示しており、どこかに不満や不安が潜んでいると、外部の働きかけで不正に走ってしまうリスクが高まるというわけです。社員が職位を変えたばかりで慣れない環境に不満を持ちやすいタイミングや、出張中に何らかの団体や企業との接触が頻繁に行われている状況があれば、それを経済安全保障室が捕捉し、必要に応じて面談や追加調査を行うことで、リスクが大きくなる前に対策を検討できます。

スパイ内部通報・相談窓口を設けるのも有効な方法です。従業員が「自分の同僚が不審な動きをしているのではないか」「外部から脅迫や金銭的誘惑を受けている」という疑いや悩みを抱いたとき、すぐに相談できる窓口を社内に用意しておくのです。通常、このような相談は外部にしづらく、相談先もありません。そこに寄せられた情報は経済安全保障室が受け取り、分析・評価し、必要があれば早期に対応をとります。こうした仕組みによって、内的脅威の芽が深刻な被害をもたらす前に摘み取れる可能性が高まります。

このような管理体制だけでなく、表彰などを通じて「自分が企業の重要技術を支えている」という誇りを従業員に持ってもらう工夫も大切です。たとえば、開発者の名前を特許に冠したり、会社が表彰したりすることで、従業員の意欲を高めると同時に離職リスクを抑え、外的脅威からの誘惑に揺らぎにくい組織風土を作ることができます。採用段階から地域に根差した人材を活用し、長く働いてもらう仕組みを整えるのも一案です。

人的脆弱性管理では、あくまでも〝性善説と性悪説のバランス〟を取ることが重要です。

従業員全員を疑うような過剰な監視や制限を導入すれば、社内のモチベーションや信頼関係が損なわれ、逆に離職や不満が増える結果になりかねません。企業としては、外的脅威の接近リスクを常に分析しつつ、従業員が会社に所属したい、この会社に貢献したいと思わせる施策が必要です。そのうえで、「万が一何かあったときには、会社としてしっかり対応する」という毅然とした態度が不可欠になります。そうしたバランスを実現できるかどうかが、人的脆弱性管理の成否を左右するのです。

これらの複雑なプロセスを、サイクルとして繰り返し改善することで、企業の技術流出対策はますます強化されていきます。それを支援するのがインテリジェンス・サイクルなのです。

リスク・インテリジェンス・サイクルの応用

ここで、「アメーバ型インテリジェンス・サイクル」を再び活用してみましょう。

具体的には、まず経営トップまたは経済安全保障室のような専門部門が「技術流出を防ぐうえで、どのような外部情報や社内データを必要とするか」を明確に定義します。これにより、「自社の技術は、どの脅威にさらされているのか」「どの漏洩ルートがリスクとして迫っているのか」といった情報要求が設定されるでしょう。

次に、各チームが情報収集を行います。技術管理チームは自社コア技術の保管状況や業界の技術トレンド情報を収集します。

経済安全保障チームは、スパイ内部通報・相談窓口として直接リスクとなり得る情報を収集します。また、重要社員の異動などの環境変化やメンタルヘルス、社外との会議や出張中の会合など外部接触状況を集約します。さらに、経済安全保障上懸念される他国の動向や脅威情報に関する最新トレンドなどをキャッチアップしていきます。

海外拠点を抱える場合は現地の政治や社会の動向、関係国の動向を収集し、懸念される動向がないかを観察します。中国やロシアなど、技術取得に積極的な国がどういう動きをしているかをキャッチアップすることで、合法的な研究提携や買収の形で接近を試みるリスクも早期に察知できるかもしれません。以上は一例であり、経済安全保障における技術流出対策ではより広範な情報が収集されていきます。

これらを経済安全保障チームがインテリジェンス担当部門として取りまとめ、懸念されるものかどうかを分析し、大きな意思決定サイクルへ報告します。経営トップは「どの対応を実行すべきか」を判断します。

配布の段階では、それぞれの部門が実際にどのような危険が迫っているか、どう行動をとるべきかを具体化していくのです。

そして、実際にこれらの対応策を運用してみた結果や想定外の事態から得られる学びを〝フィードバック〟として回収し、再度、小さな情報収集・分析サイクルを起動するのがリスク・インテリジェンス・サイクルの真骨頂です。もしも新たな地政学トレンドが発生したか、脅威プレイヤーによる新たな攻撃手法が発覚した際には、それに合わせてアクセス制御や人的脆弱性管理、契約状況などを柔軟に更新することが求められます。これを一回きりではなく、常時回し続けることが〝動的な防御力〟を育みます。

また、外部ネットワークを積極的に利用することも、技術流出対策強化につながります。専門家や政府機関、業界団体とのコミュニケーションを通じて、最新の技術動向や海外の情報収集手口などを入手し、インテリジェンス担当部門が分析したうえで経営層に提示するというサイクルを回すことで、より精度の高い対応体制を築けるでしょう。

企業の技術流出対策は、国際社会が混沌とする中ではますます重要性を増すことが予想されます。世界各地で地政学リスクが顕在化している情勢を踏まえれば他人事ではなく、一つの事例が自社の命運を左右するかもしれません。

コラム 情報収集の手法「COLLINT」とは

私が企業にとって重要だと考えている情報収集の手法があります。それがコリント（COLLINT：collective intelligence）です。コリントは、利害関係を同じくする組織同士が協力して、機密情報を共有することです。

公安調査庁がコリントによって大きな成果を挙げた事案の一つが、二〇〇一年に北朝鮮の金正男氏が偽造パスポートを使った密入国の疑いで成田空港で拘束された事件です。金正男氏は、当時北朝鮮の最高指導者だった金正日氏の長男で、現在の労働党総書記の金正恩氏の異母兄です。二〇一七年にマレーシアのクアラルンプール国際空港で、猛毒の神経剤VXを顔に塗りつけられて殺害されました。

金正男氏の成田空港での拘束は、当時大きく報道されました。拘束に至ったのは、入国審査官がパスポートを偽造だと見破ったからではありません。金正男氏が日本に入国するとの情報が、英国のMI6から公安調査庁に事前に共有されたからでした。情報機関同士のコリントは、情報を共有する側が、共有される側を評価していなければ成立しません。この件からは、MI6が公安調査庁を評価していたことがうかがえます。

企業同士がコリントで情報共有することに、私は大きなメリットがあると考えています。日本の先端技術を守るために、どのような取り組みをしているのか、どのような脅威があったのかを共有することで、セキュリティ意識の共有と向上が見込まれます。同じ方向を向いている企業同士でリスク情報を共有できれば、リスクに対して適切な防御を準備することもできるでしょう。

　情報収集の手法は他にもあります。オシント、ヒューミントと並んで、情報収集の三大手法の一つと言われているのがシギント（ＳＩＧＩＮＴ：signals intelligence）で、もともと通信や電気信号を傍受する情報収集のことです。軍事の文脈で多用された手法です。

　また、ＳＮＳを監視し、解析する手法のソシミント（ＳＯＣＭＩＮＴ：social media intelligence）や、地理空間情報を調べる手法のジオイント（ＧＥＯＩＮＴ：geospatial intelligence）などもあります。ただし、企業がインテリジェンスに取り組む場合、情報収集の手法はオシント、ヒューミント、コリントの三つを押さえておけば十分です。

第六章

「攻め」のインテリジェンス・アプローチ インテリジェンス・アプローチ①

前章までは、インテリジェンス・サイクルを用いたリスク対応や技術流出対策といった「守り」の使い方を中心に見てきました。けれども、インテリジェンス・サイクルが有効なのはリスクへの対応だけではありません。企業活動において戦略を実現していくための「攻め」の使い方ができることも、大きなメリットです。本書ではその試みを「インテリジェンス・アプローチ」と定義します。

「攻め」の使い方とは、自ら仕掛けていくことです。企業にあてはめると、自社の目標とする利益の実現などのためにインテリジェンス活動の概念を使っていくことを指します。その際には、インテリジェンス・サイクルはもちろん、オシントやヒューミント、コリントといったインテリジェンスの手法も駆使します。

企業が新たな技術やサービスを世の中に広めたいと願うとき、または戦略的な目標を実現するために積極的に情報を収集・分析しながら、多様なステークホルダーとのコミュニケーションを通じて合意形成を図る〝攻め〟の動きでも、インテリジェンスの思考法が大いに役立ちます。本章では、その概念を「インテリジェンス・コミュニケーション」と呼び、「インテリジェンス・コミュニケーション・サイクル」という方法論で整理していきます。

インテリジェンス・コミュニケーションを用いた企業戦略の実現

企業が新しいテクノロジーを社会に普及させたいと思っても、事故や不安、法規制の壁などさまざまな要因によって実用化が進まず、ビジネスの展望が予想以上に厳しい現実に直面するケースがあります。その状況を打破する鍵の一つが、企業が外部に対してどのように情報を発信し、理解を得ていくかというコミュニケーション戦略です。単に広報やPRを行うだけでなく、インテリジェンス・サイクルを応用して「どの情報を、いつ、どの相手に、どのメッセージで伝えるか」を設計することで、企業が意図する方向へ世論や市場の意識を動かすことを目指します。

企業が自らの戦略を実現するために、外部や内部のステークホルダーに対してインテリジェンス・サイクルの手法を用いてコミュニケーションを図るプロセスが「インテリジェンス・コミュニケーション・サイクル」です（図6参照）。ここでは、次のようなステップが大きな円環を形作ります。

1　情報要求（コミュニケーション戦略の開始）

企業が「何を達成したいのか」「どのステークホルダーにどういう理解や協力を得たいの

か」を明確にします。

2　情報収集

その目的を実現するうえで必要な情報を集めます。SNSやメディア、専門家の意見、顧客・株主・地域住民の声などを多角的に調べ、ステークホルダーの特徴や潜在的な不安、すでに存在する誤解や好意的な印象を洗い出します。

3　処理・分析

収集した情報を処理し、どの層が味方になりやすいか、どの層が反対や警戒心を抱きそうかについて整理します。過去の事例や国際的な成功例・失敗例を参照しながら、コミュニケーションの方向性を検討します。

4　配布(コミュニケーション戦略の実行)

分析結果をもとに、実際にメッセージや文書、説明会や広報のための資料などを作成し、ステークホルダーに向けて発信します。ここで、誰に何を伝えたいか、双方向の対話をどう設計するかが大切になります。

5　コミュニケーションのフィードバックと学習

発信に対する反応を収集し、コミュニケーションが期待通りに効果を出しているかを評価します。結果が思わしくなければ再度情報要求を設定し、新たな調査を行います。メッセー

図6　インテリジェンス・コミュニケーション・サイクル

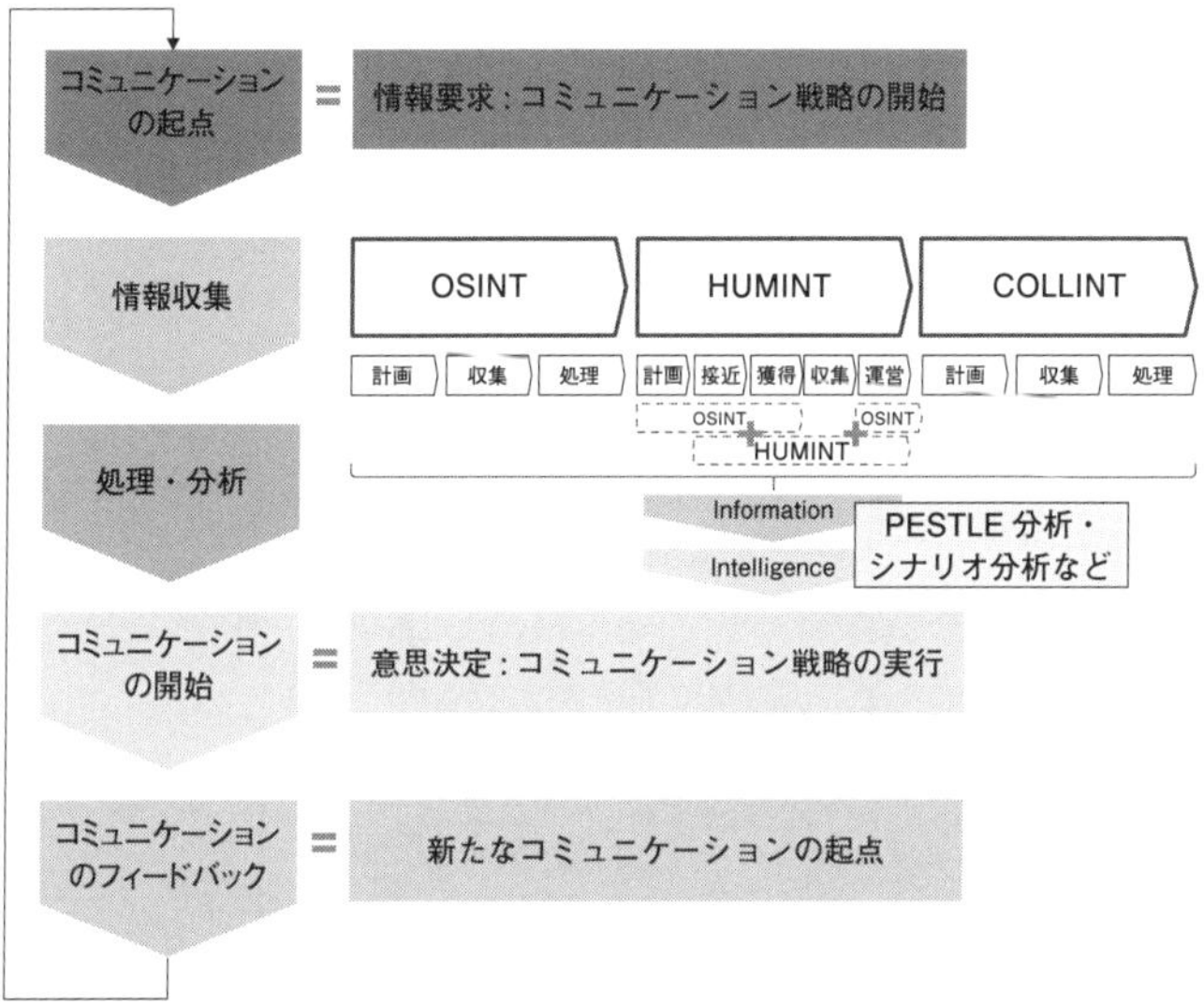

ジや戦略そのものを修正して、サイクルを再び回します。

　これらのステップを繰り返すことで、企業は戦略に基づくコミュニケーションを徐々に最適化しながら、社会や消費者、行政当局との関係を築き、望む方向へ環境を整えていくことができます。

自動運転技術に見る社会実装の難しさ

　自動運転技術は、人間の運転ミスによる事故を減らし、移動サービスを革新する夢のような計画として期待されてきました。日本企業に限らず、多くの国の自動車メーカーやテック企業がこぞって実証実験を進めている一方、事故やトラブルが報じられると、社会の反応はシビアです。

ホンダがGM傘下のＣｒｕｉｓｅなどとともに、日本における自動運転タクシーサービスを二〇二六年初頭に開始する計画を発表した直後に、Ｃｒｕｉｓｅの自動運転タクシーが人身事故を起こしました。私自身はこの報道に触れたとき、自動運転の実用化がなかなか進展しない中で、悪い情報をあえて小出しにして、その後ポジティブ情報をぶつけ、世論を転換させる「オセロ戦略」のような手法の一環ではないかと考えていました。

しかし、戦略広報やコンプライアンス、次章で詳述するパブリックアフェアーズなどを専門にしている社会構想大学院大学の北島純教授にこの件について聞くと、「オセロ戦略的な広報を実践できている日本の企業は、あまりないのではないか」との見解が返ってきました。

「日本企業の広報で、あえて悪い情報を小出しにして、最後によい情報でひっくり返すといった戦略的な広報をしている組織はあまりないでしょう。企業不祥事が発生した後のダメージコントロールの局面では、損失を最小化する防御的な広報がその都度なされることがもっぱらで、仮に戦略ＰＲのアドバイザーがオセロ戦略のような大胆な広報戦略を描いて提案したとしても、企業の内部でストップがかかると思います。『そんな危ない橋をわたる余裕はない』と言われて終わりではないでしょうか」

仮に、技術的にはある程度の水準に達していても、一般ユーザーや行政が〝安心して任せられる〟と思える段階に至っていないことで、実用化が遅れるケースは少なくありません。ここには、コミュニケーションの問題が大きく関わっています。企業側が「安全性は証明済み」と主張しても、事故映像や被害者の声が大きく報道されると、社会は強く懸念を抱きます。こうした時に、企業がどう情報を収集・分析し、どのようにステークホルダーへ伝えるかが問われるのです。

ではどのように実践するのか、インテリジェンス・コミュニケーション・サイクルを軸に説明します。

まず、「自動運転技術の社会実装を加速するために自治体の理解を得たい」「自社のサービスに対するネガティブ報道を払拭したい」といった具体的な戦略を掲げます。この段階で曖昧なままだと、誰にどのような説明をするべきかが不明確になってしまいます。特に、どのステークホルダーが重要なのか（メディア、行政、消費者、専門家など）、どのような点について理解や協力を得たいのか（安全性への信頼、事故発生時のルール整備など）をはっきりさせることが求められます。

続いて、エクスターナル（社外）とインターナル（社内）の双方に目を向けて情報を集めます。エクスターナルでは、ＳＮＳ分析や報道記事、専門家へのインタビュー、行政へのヒアリングなどが考えられ、インターナルでは現場社員の声や顧客相談窓口の問い合わせ内容、営業チームが得た顧客反応などが対象になります。ここでオシントやヒューミント、コリントの技法を使い、ステークホルダーが抱く不満や期待、法制度面の課題などを洗い出します。

情報を集めただけでは宝の持ち腐れです。誰がどのような意見を持ち、どこに不安や抵抗感、逆に好意や期待があるのかを整理し、コミュニケーション戦略と結びつけます。行政は安全性の確保を最重視しているが、一部自治体は人口減少に伴う移動手段の確保を課題としており、その解決策として自動運転に期待しているかもしれません。若年層はＡＩへの抵抗感が少なく興味を持っている一方で、高齢者は今一歩踏み出せずにいるかもしれません。

また、ネガティブに傾いた世論を巻き返すには、科学的データを開示するだけでは不十分で、ユーザーが具体的に安心できるストーリーを示す必要があります。あるいは、メディアが事故をセンセーショナルに報道しがちな場合、その反論やエビデンスの提示をどのタイミングで、どのチャネルで行うのが最も効果的かを緻密に考えます。そうした違いを可視化し、どの情報をどのような表現で伝えるべきかを判断するのが分析の要諦です。

分析結果に基づき、実際にコミュニケーションを実行します。広報の文書を作成し発信する、ＳＮＳでわかりやすい動画を配信する、自治体との連携プロジェクトを立ち上げて実証実験を公開するなど、具体的な施策がここに該当します。

最後に、配布後の反応をモニタリングして改善点を洗い出すプロセスが入ります。SNS上のコメントやユーザーアンケート、行政やメディアからの質問に対して、コミュニケーションが足りなかったところはどこか、誤解を与えているのはなぜかを検証します。ここで得られた気づきを、再び情報要求に戻して次のインテリジェンス・コミュニケーションを設計し直すわけです。企業はこうしたサイクルを何度も回すことで、適応力の高いコミュニケーションを確立できます。

重要なのは、ステークホルダーごとに適切な情報量とレベルを調整することです。専門家や行政向けには詳細データと検証結果を、消費者向けには親しみやすいストーリーとメリット説明を用意するといったように、単一のプレスリリースではカバーしきれない多面的なアプローチが求められます。

さらに、インテリジェンス・コミュニケーション・サイクルが十分に回るためには、企業内部での部署間連携（広報、研究開発、営業、人事、法務など）が必要不可欠ですし、外部ネットワーク（専門家やシンクタンク、報道機関、行政など）とも連絡を密にすることが望まれます。そうすることで、誤情報に対する迅速な対応や、事故が起きたときの的確な説明、あるいはポジティブなニュースが出たときに一気にプロモーションをかける戦略などがスムーズに実行できるでしょう。

インテリジェンス・コミュニケーションの有用性

インテリジェンス・コミュニケーションは、一言で言えば「企業が戦略を実現するため、双方向の情報収集・発信をインテリジェンスを用いて行うコミュニケーション」であり、広報やＰＲとは重なる部分もあれば異なる部分もあります。

広報は企業で一般的に導入されている機能ですが、しばしば一方通行的にプレスリリースを配信するだけだったり、担当部署が経営戦略と一体化していなかったりするケースがあります。これでは、仮に社会から批判が来たとしても、迅速に修正対応するシステムを備えていないため、説明が十分に行き届かず炎上してしまうかもしれません。

インテリジェンス・コミュニケーションでは、あらかじめステークホルダーを細かくセグメント化し、彼らが求める情報と企業が伝えたいメッセージをすり合わせることで、双方向のやりとりが自然に生まれるように設計します。自動運転であれば「若年層にはＳＮＳ映えする便利さを」「高齢層には安全性と健康上のメリットを」「政治家や自治体には地域活性化の材料を」といった具合に、同じ技術でも焦点を変えて発信します。その過程で得られるフ

ィードバックをインテリジェンス・サイクルの視点で分析し、広報メッセージそのものも修正を加え、戦略を実現させていくのです。この戦略を実現するために、複数回のコミュニケーションを想定した、大きなインテリジェンス・コミュニケーション・サイクルが基礎として回ることになります。

一方で、そもそも日本企業の文化では、攻めの戦略的コミュニケーションに対して慎重な姿勢が根強いという指摘もあります。先の「オセロ戦略」のような手法は、よほど強力なトップダウンがなければ実行しづらいでしょう。机上では理解されても、企業内で承認を得る段階で「そこまではリスクが高い」と却下されるケースが目立つようです。

これには、日本企業の企業文化として〝失敗を極度に恐れる〟傾向があることが背景に挙げられます。インテリジェンス・コミュニケーションは、ある意味、世論との対話を求めるため、企業としては「コントロールできなくなるかもしれない」「バッシングを受けるかもしれない」という抵抗感があり、守りにまわりやすいのです。

もう一つの要因として、組織内で上意下達が多く、現場の声を吸い上げる仕組みが未整備だという問題があります。インテリジェンス・コミュニケーションを行うには、インテリジェンス・コミュニケーション・サイクルを回し、営業や顧客サービス、商品開発、人事など多くの部門から情報を集約し、戦略的に分析する必要があります。しかし、日本企業では各部門が縦割りで、広報や渉外部が現場の知見をうまく取り込めないまま、経営トップが意図しないメッセージを一方的に発信してしまう状況がしばしば生じます。こうなると、コミュニケーション戦略が形骸化し、インテリジェンス・コミュニケーション・サイクルが回らずに終わるのです。

レピュテーションリスクに対して正しい発信をする

インテリジェンス・コミュニケーションが、企業活動で効果的に使える場面は他にもあります。それは、偽情報や誤情報などによって、企業にとってネガティブな話が拡散されるレピュテーションリスクに対し、正しい情報発信を行うときです。

偽情報や誤情報は、国家レベルでもたびたび問題になります。二〇二三年八月に東京電力福島第一原発事故による処理水の海洋放出が始まった際に、ＳＮＳでは安全性を否定する偽情報が出回りました。

そのきっかけは、海洋放出に対して中国の報道官が厳しく批判し、日本を原産地とする水産物の輸入を全面的に停止したことでした。これに対して日本は外務省が中心となって、輸入停止は科学的根拠に基づかない措置だとして、中国側に毅然と抗議しました。しかし、その後も偽情報や誤情報がインターネット上に次々と現れます。日本側は安全性を含めた正しい情報を世界に発信することによって、打ち消しを図りました。

また、台湾では、二〇二四年一月の総統選挙をめぐって、投票用紙の集計中に根拠のない不正投票の噂が飛び交いはじめました。この噂に対して台湾政府はすぐに事実確認を行って、嘘であることを明らかにしました。選挙管理委員会も記者会見を開いて、不正投票に反論しています。

この二つのケースでは、公的機関が一次情報を発信することによって、偽情報や誤情報を打ち消しています。同じように企業も、偽情報や誤情報によって予期せぬ炎上が起きた場合には、自らの組織から正しい情報を毅然と発信する方法があります。

事故が起きたときの対応プロセスも大事ですが、それ以上に重要なのは、瞬発力を持って、かつ、戦略的に、偽情報や誤情報を打ち消すコミュニケーションができるかどうかです。今起きている状況の原因は何なのか。打ち消すために流す正しい情報はどれなのか。その情報を出したことでどのような反論が返ってくるのか。それも踏まえて反論や正しい情報を、インテリジェンス・コミュニケーション・サイクルを回しながら緻密に発信していきます。

誤情報の拡散は、炎上以外でも起きることがあります。それは、自社の製品や活動に対して、ＳＮＳや有識者による誤った認識に基づく発信が行われ、悪い世論がじわじわと形成されていくケースです。

レプリコンワクチンをめぐる攻防

誤情報の拡散に対して、企業が情報発信した例を一つ挙げてみましょう。新型コロナウイルスの感染対策のため、二〇二四年一〇月から六五歳以上の人を対象に定期接種が始まった、次世代ｍＲＮＡワクチンであるレプリコンワクチンをめぐる対応です。

定期接種には五種類のワクチンが使用されることになり、そのうちの一つがＭｅｉｊｉ Ｓｅｉｋａ ファルマが開発し、認可を受けたレプリコンワクチンのコスタイベでした。ところが、コスタイベの認可を受けて、日本看護倫理学会はレプリコンワクチンの使用を懸念する声明を出します。声明では、世界で初めて日本が認可したレプリコンワクチンには、「非接種者の家族や周囲の人々にまで影響を与える可能性」があり、安全性や倫理性に懸念があると主張し、各大学の看護部に使用しないよう要請しました。また「ｍＲＮＡワクチン中止を求める国民連合（以下、国民連合）」からも使用に反対する声が挙がり、ＳＮＳなどで団体の主張が拡散する事態となりました。

これを受けて、Ｍｅｉｊｉ Ｓｅｉｋａ ファルマは国民連合に対し、非科学的な根拠に基づく一方的な内容や、事実と異なる情報を発信していることへの警告書を送付します。日本看護倫理学会の声明に対しても、複数の項目について科学的知見の説明を求めるとともに、削除を要請しました。しかし、これだけで事態は収まりませんでした。コスタイベの接種の予約受付が始まると、医療機関に電話やＳＮＳなどを通じて誹謗中傷や脅迫が相次ぐなど、医療機関まで巻き込む事態に発展しました。

ここでＭｅｉｊｉ Ｓｅｉｋａ ファルマがとったコミュニケーションは次のようなものでした。定期接種開始後に開催された一〇月八日のメディアイベントで、小林大吉郎代表取締役社長が、「誤解があれば解きたいとのスタンスだったが、もはや看過できない」として、日本看護倫理学会と国民連合の代表者らに対して、法的措置を講じると表明しました。さらに、一〇月一六日には、朝日新聞、毎日新聞、読売新聞、日本経済新聞、産経新聞などの朝刊に、注意喚起をする一面広告を掲載しました。その文面は、一般の人に語りかけるものでした。

「新型コロナウイルス感染症に対する次世代ｍＲＮＡワクチン（レプリコンワクチン）に対して、ソーシャルメディアなどで科学的根拠のない話やデマの投稿が相次いでいます。顔や名前も知らない方が発信した情報ではなく、ワクチン接種については、あなたのことを良く

知るかかりつけ医やお近くの医療機関にご相談下さい」

レプリコンワクチンについて、政府は他のワクチンと「明確な差は認められていない」との見解を出しています。また、Ｍｅｉｊｉ Ｓｅｉｋａ ファルマは、レプリコンワクチンについて「生物兵器」などと発言した原口一博衆議院議員に対して、名誉毀損にあたるとして提訴しました。

レプリコンワクチンをめぐる攻防は、混乱が収まらない中で、企業が自らインテリジェンス・コミュニケーションを行ったケースと言えるでしょう。

偽情報や誤情報が一気に拡散するネット社会では、レピュテーションリスクの管理が企業にとって喫緊の課題です。ここでインテリジェンス・コミュニケーション・サイクルを利用すれば、ＳＮＳやメディアを常時監視し、疑わしい情報を見つけたら即座に事実確認を行い、広報や社内コミュニケーションを通じて打ち消す対策をとることが可能です。

インテリジェンス・コミュニケーション・サイクルの観点で見れば、まず「企業が誤情報を打ち消し、世論に正確な理解を得たい」という情報要求がありました。続いて、ＳＮＳやマスメディア、学会や市民団体の発言を収集し、誤りの度合いと拡散規模を分析し、最適なメッセージを決定します。そこから新聞の一面広告や会見による発信を行い、再度社会の反応を評価して必要があれば次の手を打つという流れです。このような素早いサイクルを回せば、結果的に企業イメージを守るだけでなく、ステークホルダーへの誤解も早期に解消できる効果が期待できます。さらに、正しい情報を発信するだけでなく、ステークホルダーが抱く潜在的な疑問や不安を先回りして調べ上げ、関連するデータやエビデンスをセットで提供すれば、企業への信頼感を逆に高めるチャンスにもなるでしょう。

日本で広がらないインターナル・コミュニケーション

ここまで、外部向けのエクスターナル・コミュニケーションについて論じてきましたが、企業がインテリジェンス・コミュニケーションを活用できる場に、インターナル・コミュニケーションもあります。

インターナル・コミュニケーションは、社内やグループ内など、同じ組織内に向けた広報活動や、組織内の個人同士のコミュニケーションなどを指します。朝礼や社員集会などで経営陣と社員のつながりを深めることや、社内報やイベントなどで社員同士のつながりを深めることなど、伝統的な対外発信という意味での広報というよりは経営や人事の延長線上にある組織内のコミュニケーションです。また、社長が発言する集会やイベントに興味のない社員を、どのように振り向かせるのかといった取り組みも含まれます。

しかし、北島教授は日本の企業におけるインターナル・コミュニケーションの現状を、次のように指摘します。

「インターナル・コミュニケーションは、二〇一〇年代に入って日本でも注目されるようになりました。組織が目指している方向を社員にどのように浸透させるのかという意味で、企業における経営機能に直結する効果を持つからです。しかし、実際にはインターナル・コミュニケーションを十分に発揮できている企業は多いとは言えません」

その一方で、北島教授は、企業がインテリジェンス・コミュニケーション・サイクルを回そうと考えた際には、インターナル・コミュニケーションこそが必要な土台になると指摘しています。

「企業がインテリジェンス・コミュニケーション・サイクルを実践する局面では、顧客や取引先と接する社員が得てきた情報を、どれだけ社内で共有し、組織として活用できるかが重要になります。企業の広報部や渉外部、または最近増えているサステナビリティ推進部のような部署が対外的に情報発信をする際も同じで、分厚い情報のストックが存在し、組織内の知的基盤として機能しているかどうかで、発信する情報の質が変わってきます。情報のシェアリングという観点からも、インターナル・コミュニケーションを活発化させる視点が今後求められていくに違いありません」

インテリジェンス・コミュニケーションは企業にとって重要な手法であり、組織内の信頼関係を構築する一翼を担うことになりますが、日本では本当の意味での理解が進んでいないのでしょう。

しかし、逆に言えば、インテリジェンス・コミュニケーションを社内に根付かせる企業は、これからの激変する国際競争や技術革新の波において、有利な立場を得る可能性が大いにあると考えられます。先の自動運転の例を見ればわかるように、新技術の社会実装で言えば、安全性の確保だけでなく、世論の信頼や行政ルールの整備など、多様な課題が壁となって立ちはだかります。とはいえ、インテリジェンス・コミュニケーション・サイクルを運用すれば、企業は事故や誤解などのネガティブ要素をいち早く感知し、科学的データや説得的なストーリーを用いて情報を再発信しながら、最終的に社会的信頼を得るシナリオを描きやすくなります。

次章では、さらなる「攻め」のアプローチとして、自社のビジネスに関連する制度やルールづくりを、企業側から主導するような取り組みにおいて、インテリジェンスを活用する例を紹介します。そこにも、インテリジェンス・サイクルが企業の意思決定とステークホルダーとの協働を活性化させる仕組みが存在します。

コラム　公開情報から真実を暴く「ベリングキャット」

オシントによって国際的な偽情報や戦争犯罪などを暴いている組織が最近注目されています。その一つが、オランダに本拠地を置く調査報道ユニットの「ベリングキャット」です。創設したのはイギリス人のエリオット・ヒギンズ氏で、メンバーは世界各地に散らばっています。

ベリングキャットは、インターネット上やSNSに投稿されているオープンソースの情報から、国家レベルの秘密を暴露する数々のスクープを発表しています。代表的なものに、シリアのアサド政権がサリンを使用した証拠や、二〇一四年にマレーシア航空の航空機が撃墜された真相、それにウクライナ侵攻でロシア側が報道したニュースが虚偽であることなどを明らかにした事案があります。

パレスチナで起きた女性ジャーナリストの銃撃事件の真相を暴いたのも、ベリングキャットによるスクープの一つです。事件が起きたのは二〇二二年五月でした。被害に遭ったのは、アラビア語と英語でニュースなどを放送する衛星放送のアルジャジーラで活躍していた、著名なパレスチナ系アメリカ人女性ジャーナリストのシェリーン・アブ・アクレ氏です。イスラエル軍による襲撃を取材中に、頭部に銃撃を受けて死亡しました。イスラエル側は当初、銃を乱射した武装パレスチナ人の犯行である可能性が高いと主張しました。しかし、ベリングキャットは、オシントの手法によって独自に調査を進めました。収集したのは、一緒にいたジャーナリストを含む目撃者の証言や、SNSに投稿されていた画像や動画です。特に、男性が遺体を回収しようとする場面を撮影した複数の動画などから、アブ・アクレ氏が現場で狙われ、銃撃されたと考えられると分析しました。さらに、影の長さから犯行時間まで推定して、イスラエル兵に撃たれたことを明らかにしたのです。イスラエル国防軍は、最終的には自軍の兵士が誤って撃った可能性が高いと発表せざるを得ませんでした。

ベリングキャット以外にも、注目されている組織があります。ロシアによる戦争犯罪を追及することをミッションとして掲げ、オシントによる情報収集活動を行っている非営利団体の「OSINT for Ukraine」です。この組織は、SNSなどに投稿された記事や画像などのデータをメンバーが集めることによって、戦争犯罪が起きた可能性を地図上に示し、ウェブサイトで公開しています。アイコンをクリックすることで、犯罪行為の詳細を確認できる仕組みを作りました。

ロシアによるウクライナ侵攻について活動している組織には、「The Intel C

rab」もあります。SNSに投稿されたロシア軍が侵攻する動画をもとに、緯度や経度を割り出すなどしてすぐに撮影場所を特定するのが特徴です。特定した内容はX(旧ツイッター)などで発信しています。

これらの活動を担っているのは、訓練を受けたスパイではなく、大学生や若者たちです。普通の人でも、オープンソース情報を解析することによって、大きな成果を上げているのです。

戦場に限らず、SNSに投稿された画像からは、さまざまな情報を得ることができます。私は以前、ある投資詐欺グループのメンバーを、オシントによって特定したことがあります。

当初、中核メンバーの一人である可能性が高い男性が浮上していたものの、本当に中核メンバーであるかどうかの確証が得られませんでした。新たな証拠を探そうと、この男性のフェイスブックやインスタグラムなどのSNSを解析しました。すると、集合写真がたくさん出てきます。その中に、男性とともに頻繁に写っている別の男性の存在に気づきました。二人のどちらがメンバー内で地位が上なのかを、一緒に写っている三〇枚ほどの写真を解析して調べてみました。すると、後から発見した男性が、いつも集合写真の中心で写り、酒席でもいつも上座だったことから、この男性がリーダー格と見て調査を進めたところ、まさにその通りでした。

第七章

企業が主体となって社会を変える
インテリジェンス・アプローチ②

インテリジェンス・フォー・パブリックアフェアーズとは

インテリジェンス・アプローチのもう一つの手法が「インテリジェンス・フォー・パブリックアフェアーズ」です。

まずは、パブリックアフェアーズについての説明が必要でしょう。ただ、考え方には諸説あり、定義は固まっていません。パブリックアフェアーズのコンサルティングを手掛けるマカイラでは、「企業・団体等が事業目的の達成のために行う、公共・非営利分野や社会への戦略的関与活動」と説明しています。もう少し嚙み砕くと、企業や団体が、戦略的な目的を実現するために好ましい環境を整えることを目指して、政府や自治体などの公共機関、NGOやNPOなどの非営利セクター、それに社会や世論に向けて働きかけを行うこと、と言えるでしょうか。

経済産業省の元キャリア官僚が立ち上げて、パブリックアフェアーズに関する調査やコンサルティングなどを手がける企業に、ポリフレクトがあります。代表取締役の宮田洋輔氏は、パブリックアフェアーズの概念を次のように捉えています。

「パブリックアフェアーズには明確な定義がないので、人によってイメージしているものが

図7　パブリックアフェアーズの構図

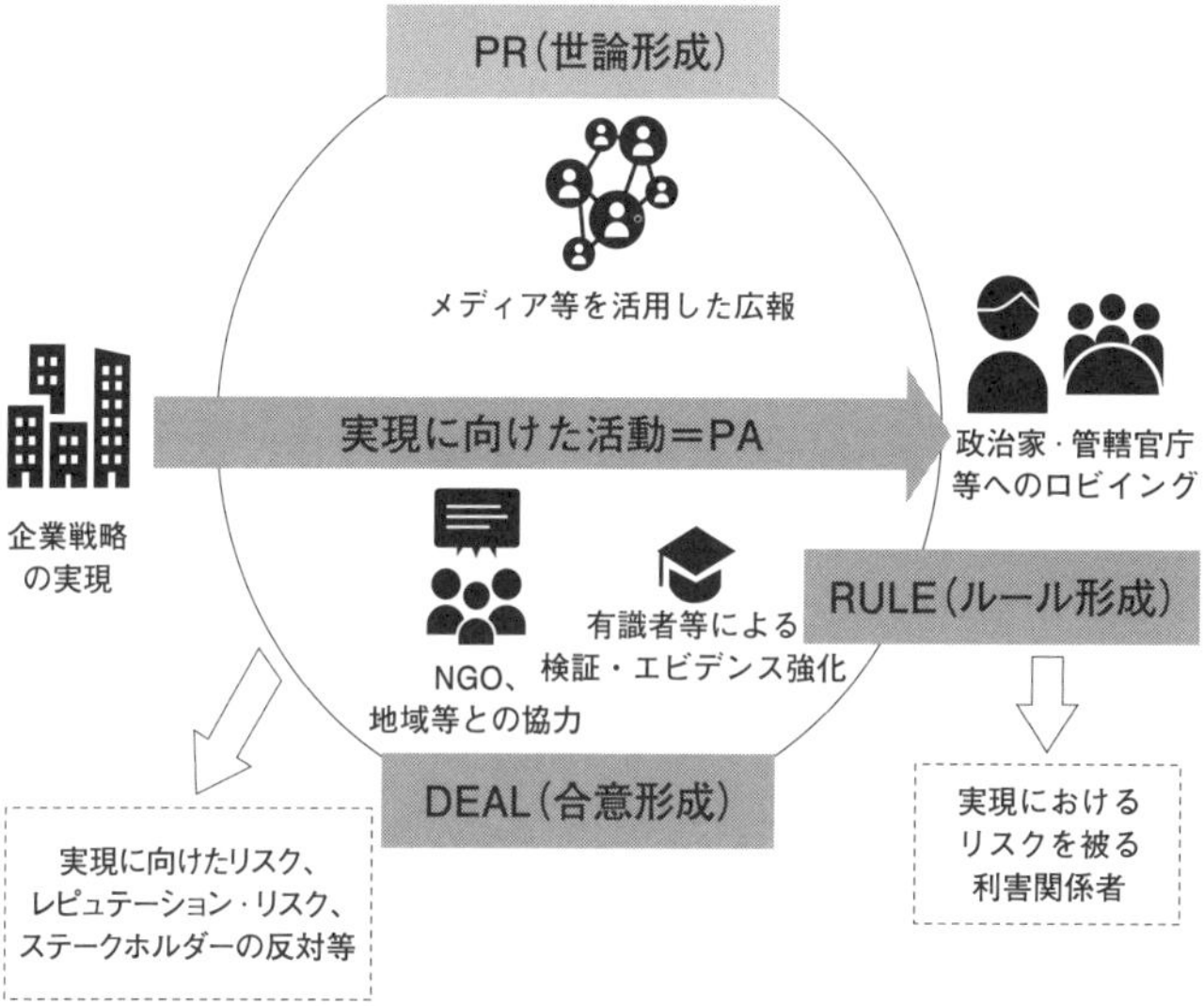

まちまちだと思います。私がざっくりとイメージしているところでは、ロビイングのように政治や役所に対するルールメイキングの働きかけや、官民連携プロジェクトなど、政・官・民が連携し、コミュニケーションをすることで、一緒に物事を動かしていく活動は、すべてパブリックアフェアーズだと思っています」

「パブリックアフェアーズには、大きく分けて三つのプロセスがあります(図7参照)。

一つ目は、企業が戦略を実現するために、政治家や管轄官庁などにロビイングをする活動です。これは、ルール形成(RULE)です。

図8　インテリジェンス・フォー・パブリックアフェアーズ

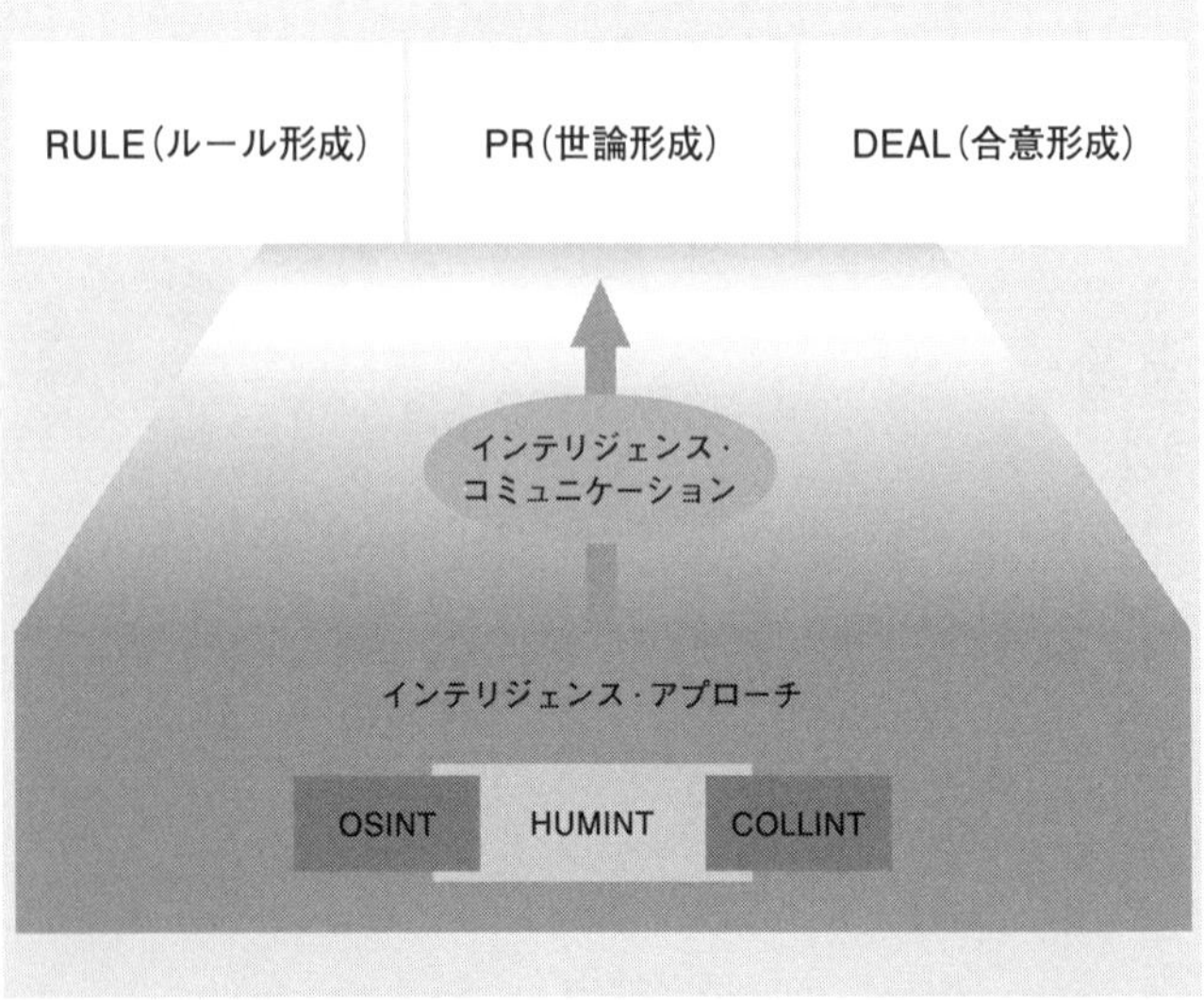

二つ目は、メディアなどを活用した広報である世論形成（ＰＲ）。

三つ目が、ＮＧＯや地域との協力や、有識者などによる検証をもとにエビデンスを強化するといった合意形成（ＤＥＡＬ）です。

これらを総称して、パブリックアフェアーズ（ＰＡ）と呼びます。

このパブリックアフェアーズに、インテリジェンス・アプローチを応用することを、私はインテリジェンス・フォー・パブリックアフェアーズと定義しました（図８参照）。ルール形成、世論形成、合意形成の各プロセスで、インテリジェンス・アプローチを実行するのです。

パブリックアフェアーズと、インテリジェンス・アプローチに親和性があることを見出したのは、前出の北島教授です。その有効性を次のように説明しています。

「企業の事業戦略に直結するようなパブリックアフェアーズは、関係するステークホルダーがあまりにも多く、利害関係の調整は複雑になります。そのため『見通しのよい』処理、すなわち『解像度の高い』処理をしていかなければなりませんが、その『解像度』を高めるためにこそ、インテリジェンス・アプローチが必要になります。企業はインテリジェンスを活用することで、そうした処理のサイクルをうまく回せるようになるのです」

政治との間合いをどう取るか。アプローチしたい世論の特性はどうなっているのか。NGOや有識者の思考はどうなっていて、どうすれば関係が構築できるのか。ルール形成、世論形成、合意形成の三つのプロセスそれぞれでインテリジェンス・サイクルを回すことで、パブリックアフェアーズを成功させることができます。

なぜコンビニで薬品を販売できるようになったのか

インテリジェンス・フォー・パブリックアフェアーズの考え方を実践して戦略を実現した先進的な事例として、ポリフレクトがコンサルティングで関わった、コンビニエンスストアでの医薬品販売を規制緩和したプロセスを見てみましょう。あるコンビニエンスストア大手は、店頭で医薬品を販売したいと考えていました。

情報要求は、コンビニにドラッグストアの機能を持たせることです。実現すれば、地方の不便な地域であってもコンビニさえあれば医薬品を買えるようになり、困っている人を救うことができます。しかし、そのためには規制緩和が必要です。

当時は、コンビニに医薬品を置くことは簡単ではありませんでした。ドラッグストアなどでも、医薬品を販売する場合は、営業時間の半分以上となる時間帯に、薬剤師などの資格を持っている人が常駐しなければならない「二分の一ルール」がありました。

ドラッグストアでは、朝一〇時にオープンして、夜八時に閉まる店であれば、一〇時間の営業時間のうち、資格を持つ人が五時間店頭にいれば販売ができます。けれども、二四時間営業のコンビニの場合、一二時間は資格を持った人が常駐しなければならず、勤務シフトなどを考えると、かなりの人数を確保しなければなりませんでした。

このコンビニエンスストア大手はポリフレクトに対して、二分の一ルールをなくす手伝いを依頼しました。目指すのはルール形成です。宮田氏は、この規制緩和によって何が起きるのかを分析して、厚生労働省へのロビイングを行ったと説明します。

「厚労省に対しては、コンビニでの医薬品販売によって、地方における医薬品へのアクセスを改善することを提起しました。離島ではドラッグストアがなくて、コンビニが一軒しかないところもあります。そのコンビニで医薬品を販売することができれば、島民はすごく便利になるはずです。そういった具体的な事例を示しながら、この規制緩和がどれだけ社会の役に立つかということをお話しさせていただきました。また、コロナ禍をきっかけに広がった、軽い症状は自ら治療するセルフメディケーションを推進する政府の方針に合致することも説明しました。厚労省は立場上、安全性が最優先であるため、規制改革の要望に対しては慎重になることが多いのですが、今回は話を聞いて納得していただいたので、すんなりとルールが変わりました」

この取り組みによって、二〇二一年八月には規制緩和によって二分の一ルールが撤廃され、それまでよりもコンビニでの医薬品の販売がしやすくなりました。

もちろん、ただ単に要望しただけで、ルール形成ができるはずはありません。要望を受け付けている窓口や、インターネット上の受付フォームにいくら書類を送っても、「これは難しいですね」と言われるだけで終わってしまいます。そうならないように、必要な情報を揃えて、担当者と直接会って話をすることが第一歩です。直接話すことで、社会的な意義などが伝わります。担当者の理解も、政策として検討する優先順位も上がっていきます。

こうしたロビイングができるのは、元キャリア官僚が役員に名を連ね、省庁にコネクションがあるポリフレクトだから、と思う人もいるかもしれません。その点について宮田氏に質問すると、次のような答えが返ってきました。

「一般企業が同じように動いても、実現できたと思います。役所は広く開かれているので、当社が特別で、当社でなければ話を聞いてもらえないということは、基本的にはありません。もちろん、パブリックアフェアーズにはインテリジェンスが必要です。要望を持っていく先の役所の担当者や政治家が、何を重視しているのかを知ることが必要になります。この方々が大事だと思っているテーマや、重視している社会的な意義を把握して、この規制緩和によって皆さんが考えているテーマや意義を叶えることができるという話し方をします。そうでなければ、相手の心には刺さりません。共感してもらうためには相手のことをよく知っていなければならず、そのためにインテリジェンス・アプローチが有効なのです」

ただ、相手省庁の考え方を読み取る力は、役人同士と官民では、まだギャップがあるかもしれないと、ポリフレクトCOOの橋本諭氏は指摘します。

「役人同士だと阿吽《あうん》の呼吸で理解し合える期待値が高いわけですが、それと裏腹に企業と役人、企業と議員の間にはコミュニケーションのミスマッチが起こりやすい。どういう言葉を選んで訴えれば説得できるのか、役人や議員のマインドがややブラックボックスなので、どうしてもわかりにくいかもしれません」

そのためにも相手の価値観までよく知ることが必要なようです。とはいえ、社会情勢の変化が確実に役所にも及んでいるともいいます。

「日本の特徴かもしれませんが、これまで企業は政府や行政機関が決めたルールを唯々諾々と受け入れてきたところがありました。それが大きな問題にならなかったのは、同質的な社会で企業も政府も価値観がそんなに違わなかったからだと思います。その関係が今、崩れ始めています。その大きな要因は、社会が複雑化して、省庁だけでは物事を把握するのがかなり困難になっていること。そのうえ、かつて省庁に集中した情報がいまやネット上にもあふれ、そこにはそれぞれの専門家がいて世論が形成され、それらの知見を逆に省庁側が汲み取って新しいルールを形成していかないといけないフェーズになっていることです。ところが企業側はまだ、省庁にルールを変える働きかけをしようとしても、個々のレベルではどうしていいかわからない。この関係がこれから変わっていくだろうと思っています」(橋本氏)

企業が実践できるインテリジェンス・アプローチ

インテリジェンス・フォー・パブリックアフェアーズの流れに沿って、前出のコンビニエンスストア大手が規制緩和を成功させた過程を見てみましょう。

情報要求は、コンビニにドラッグストアの機能を持たせることです。担当部署は実現するための情報収集をします。

情報収集には、多くの手法がありますが、企業がパブリックアフェアーズの実務を行う場合には、公開情報から調べるオシント、協力者になる人から情報を引き出すヒューミント、それに利害関係を同じくする組織同士が協力して、機密情報を共有するコリントを使うことになります。

政治家へのアプローチではオシントを徹底させる必要があります。誰が、何にどういう関心を持っているかを、国会議事録やウェブサイト、SNSをよく閲覧して目星を付けて、「この議員はこの政策についてよく議論しているとわかったらアプローチをして、他にこの案件に関心を持っている人は誰でしょうかと尋ねる」（宮田氏）。こうした地道で粘り強い努力を避けてはならないようです。

集めた情報は処理・分析して、インテリジェンスに昇華させます。サイクルを回してインテリジェンスを作成し、企業の戦略が固まると、ここからパブリックアフェアーズを実行していきます。

まずは世論形成です。コンビニにドラッグストアの機能を持たせることが必要だと思ってもらえる広報などを通じて、世論への働きかけをします。世論が気にするのはリスクです。

コンビニがきちんと医薬品を管理できるのか、未成年などが買ってはいけない医薬品を買うのではないか、といった世論の反発が考えられるのであれば、納得してもらう情報発信をインテリジェンス・コミュニケーション・サイクルによって固めます。

情報発信の方法が決まれば、コミュニケーションを実施します。このコミュニケーションに対するフィードバックが世間から返ってくれれば、さらにインテリジェンス・サイクルを回して情報発信をよりよいものに変えていきます。

続いて、ルール形成と合意形成です。この二つは密接に関連しています。ルール形成では、政治家や官僚に対するロビイングをします。ポリフレクトでは、戦略ロビイングが失敗する場合の企業の過ちを、九項目挙げています。

・事実に基づかず、勘と経験だけで戦略を作ってしまう
・自社の都合だけを主張し、国民の利益をないがしろにしてしまう
・ステークホルダーとコミュニケーションを取らず、自分勝手に活動してしまう
・影響力のないステークホルダーにばかり、ロビイングをしてしまう
・総理や大臣など強い力を持った人しか、コミュニケーションをとらない
・外注するばかりで、自分・自社で汗をかかない

・戦略を実行する自社リソースを考慮していない
・自社の経営戦略や事業の実態を正確に把握できていない
・信義則や仁義を軽んじてしまう

この九項目からは、ロビイングが、ただ政治家や官僚にお願いをすればいいわけではないことが明確です。ロビイングをするまでに、インテリジェンスを精緻化しておくことが欠かせません。

ロビイングをする前にできることは、他にもあります。それが有識者との合意形成です。エビデンスの実証などを通して有識者と合意形成を行うことで、ロビイングが成功する可能性を高めることができます。

有識者の協力を得るためには、ヒューミントを使います。協力してほしい有識者について、本人が好む言いまわしや文体、アウトプットの方法、憶測よりファクトベースで話をするなどの特性を理解して、関係を構築し、協力を取り付けます。

とはいえ、どの有識者と関係を構築すればいいのか、また、ロビイングする政治家や官僚をどのように選べばいいのか、わからない人も多いでしょう。その場合には、まずヒューミントのためのオシントを行います。アプローチをしようと考えている有識者や政治家、官公庁の担当者について、彼らの考え方などをオシントによって情報収集し、そのうえでヒューミントを実行します。

協力関係ができれば、コンビニにドラッグストアの機能を持たせることはよいことだと有識者に言ってもらって、その説得力をもって政治家や官公庁にアプローチします。その段階で世論形成も進めていて、社会からの良好な反応もあわせて伝えることができれば、政治家や官公庁も「この規制緩和はやらなければいけない」と思うようになります。

そして、これらを統括・管理し、強力に推進するのがインテリジェンス・サイクルなのです。

負を受ける関係者とも関係を構築する

インテリジェンス・フォー・パブリックアフェアーズでは、ルール形成を目的とした政治家や官公庁へのロビイングに、どうしても重点が置かれがちですが、世論形成や合意形成は非常に重要です。この点を怠ってしまうと、ルール形成がうまくいったにもかかわらず、戦略が実現できなくなります。

特に見落としがちなのは、業界団体などとの関係の構築です。世の中の役に立つ新しいサービスを開発し、サービスを社会に実装できるようにルール形成に成功した場合、その新たなルールによって負を受ける競合他社や、関係団体などが存在します。その中には、新たなサービスが出ることで売り上げの低下が予想されて、面白くないと考える企業もあるでしょう。その場合は、業界団体などに対して住み分けができることなどを説明して、理解を求めることが必要です。

また、ポリフレクトの宮田氏は、業界団体との合意形成を行う際に気をつけなければならない点に、「公式な発言がポジショントークなのかどうかを見極めること」を挙げています。「企業が実現しようとしている戦略に対して強い影響力を持つ業界団体の幹部が反対のメッセージを出すことがあります。ところが、その業界団体に属している個別の企業や他の幹部に聞いてみると、ほとんどの人が賛成しているというケースが少なくありません。この点を見極めるには、業界団体の公式な発信だけでなく、会員とも個別に関係を構築して話を聞くことが必要です。このようなケースでインテリジェンス・アプローチを怠ると、業界団体は実は反対していないのに、勝手に敵だと認定して攻め込んでいき、業界団体は必死で守りに入るといった、不毛な争いを生んでしまうことがあります」

また、サービスを始めたあとで、メディアによって負の部分ばかりが強調されるケースもあります。利用者が感じている率直な意見に対しては改善していけばいいものの、業界に詳しい専門家や評論家の否定的な意見がメディアから発信された場合には、仮にその内容に事実誤認などがあったとしても、否定的な世論が形成されてしまいます。

その専門家がもともと新たなサービスに否定的な考えを持っていることが事前にわかれば、専門家に対する合意形成が必要です。世論形成や合意形成も抜けがないようにして、サービスを始めたあともフォローすることを、インテリジェンス・アプローチに組み込んでいきましょう。

利用者や一般の人々にタイミングよく情報を発信するとともに、インテリジェンス・フォー・パブリックアフェアーズで業界団体と関係を構築しながら、ルール形成をはかっていく。誰も見たことがない新しい商品やサービスを世の中に生み出すためには、熱い創業の意志と、冷静なインテリジェンス活動の両方が必要だと言えそうです。

企業がパブリックアフェアーズをリードする

パブリックアフェアーズでは、もう一点頭に入れておきたいことがあります。それは、NGOやNPOなどとの関係です。

北島教授は、パブリックアフェアーズのステークホルダーを、政府などのガバメントセクター、企業などのビジネスセクター（プライベートセクター）、ＮＧＯやＮＰＯなど市民の立場から公共の利益を増進する活動を行うシビルソサエティの三つに分けています。このうち、シビルソサエティに対する日本企業の現状を、次のように指摘します。

「シビルソサエティには環境保護団体などの市民活動団体が含まれていますが、ヨーロッパやアジアではたいへん大きな力を持っています。しかし日本企業は、ややもすると市民団体を軽視し、シビルソサエティに対する合意形成をおろそかにしがちです」

気候変動対策に力を入れているヨーロッパでは、欧州連合（ＥＵ）や各国独自の環境規制が次々と打ち出されています。自動車業界をめぐっては、二〇三〇年代にガソリン車の新車販売を禁止する動きが広がっています。そうした背景には市民を含めたシビルソサエティの存在があります。北島教授は、日本の企業がこうした動きを過小評価しがちな現状に警鐘を鳴らし、認識を変えることを提言しています。

「ヨーロッパの政策形成プロセスは複合的で、各国の政府だけで政策を決める割合は相当に減少しています。むしろ『市民社会』（シビルソサエティ）が政策を動かす大きな『原動力』になっている現状があります。（日本企業は）『官尊民卑』的な価値観からでしょうか、いまだに行政府へのアプローチをただただ熱心に行う駐在員が多いように思いますが、市民団体やＮＧＯとの関係を構築しながら、インテリジェンス・アプローチを活用したパブリックアフェアーズの実践を強化していくべきでしょう」

ポリフレクトの宮田氏も、日本の企業でパブリックアフェアーズに関わっている担当者は、まだまだインテリジェンスを意識できていないのではないかと感じています。

「グーグル、アマゾン、フェイスブック（現・メタ）、アップル、マイクロソフトのGAFAMのように、各国の政府から締め付けられているグローバル企業は、次にどのような規制をされそうになるのかと、常に神経を尖らせている状態です。危険を察知するために、インテリジェンスが活用されています。それに対して日本の企業は、各国による規制の動きに対して、感度が低い気がします。規制によって大きな影響を受けるにもかかわらず、ルールは誰かが決めるもので、あるとき天から降ってきて、それに従うといった発想の人が多いのではないでしょうか」

宮田氏が言及するように、日本の企業の多くは、パブリックアフェアーズは政府や官公庁がイニシアチブを持っていると考えているのかもしれません。しかし、パブリックアフェアーズをリードする主体は企業なのです。北島教授も、企業が自ら実行する必要を説いています。

「パブリックアフェアーズのプレイヤーとして、企業は自らインテリジェンスを活用することが求められています。『誰かがやってくれる』と思うのではなく、パブリックアフェアーズを手段として、企業が自ら火を起こす。自らの責任で始める。この心構えが必要です」

また、パブリックアフェアーズを自前で実践するリソースに乏しく、専門家に「外注」しなければならない場合でも、社内でノウハウを持つことが望ましいと言います。

「かつて公共事業・官公需を担ってきた日本の伝統的企業には、総務部の中に必ずと言っていいほど政治との太いパイプを持つベテラン社員がいたものです。しかし、そういう人は今の時代、絶滅危惧種です。外部のコンサルタントに外注するのも手ですが、持続可能なパブリックアフェアーズという観点からは、社内にそうした業務を理解できる知見を備えた人材を育成していくことが重要でしょう」

パブリックアフェアーズは、社外の関係者や世論に理解してもらう活動です。ルール形成に取り組む企業は、もちろん利益を追求する部分もあるものの、ルールを変えることが社会や困っている人のためになるといった目的を持っています。実現に向けて、関係各所と良好な関係を維持していくことで、社会との関係もより深くなります。すると、もっと社会をよくするために貢献したいという意識が強くなるはずです。その実現のために、インテリジェンス・サイクルを回し、インテリジェンスの各手法を活用していくインテリジェンス・アプローチがきわめて有効なのです。

前出の宮田氏も橋本氏も口を揃えてこう話します。

「どのように世の中を動かしていくかという発想さえ企業経営者にあれば、議員でも省庁でも、あるいはルール作りに長けた海外のキーパーソンでも、うまく使って動かせばいい。やりようはいくらでもあると思います。柔軟な発想の経営者がインテリジェンスに基づいて意思決定できるかできないかというところが最大の決め手ではないでしょうか」

インテリジェンス・サイクルが指南する一連のプロセス「情報要求を立て、オシントやヒューミントで情報を集め、分析して最適な方法を考え、実行し、フィードバックを受け改善を繰り返す」ことこそが、まさに「企業が主体となって社会を変える」ための出発点になるでしょう。

いわば次世代の戦略的活動なのです。

おわりに

これまで企業におけるインテリジェンスについて述べてきましたが、最も重要な点は、やはり企業におけるインテリジェンス・サイクルの本質が「信頼関係」にあることです。今後、ＡＩエージェントが社員に代わっていくつかのタスクを担うことになるでしょう。しかし、組織は有機体であり、人の集合体です。その基礎は「人」なのです。また、どれほど高度な分析ツールを導入し、どれほど優れたデータを集めても、それらを真に活かす基盤が〝相互の信頼〟でない限り、組織全体が能動的にインテリジェンス・サイクルを回そうとはしません。フィードバックが形骸化し、コミュニケーションが不十分になり、最終的には「どうせうちには関係ない」と冷めた空気が広がってしまうでしょう。

〝信頼なきインテリジェンス・サイクル〟は、戦略や理念がうまく伝わらず、フィードバックや意見交換が滞り、やがて帰属意識や協力体制までも失わせていきます。その根底には「この情報は本当に活かされるのか」「自分の意見がちゃんと評価されるのか」といった不安や、経営者側からの無関心といった問題が潜んでいます。だからこそ、繰り返し強調したいのは、インテリジェンスを担う担当者だけが努力するのではなく、経営層から現場まで全員が「信頼構築」に責任を持たねばならないということです。どんなに素晴らしいレポートを作成したところで、それを受け取る側が心を閉ざしていれば何も生まれません。

企業のインテリジェンス活動には、情報収集の透明性、分析過程の公開、適切なコミュニケーション設計など、多くの要素が絡み合います。しかし、それらを円滑に回す要は結局「人と人との間の信頼」です。日々のミーティングやプロジェクトで、きちんと意見が交換される風土を育てること。失敗があっても、そこから学ぼうという姿勢をリーダーが自ら示すこと。部署を超えた連携を呼びかけるとき、「どうせ教えてくれない」「どうせ協力してくれない」と最初から諦めず、情報が組織全体で活用されればこんな成果がある、と具体的に共有すること。そうした積み重ねが信頼関係を生み、インテリジェンス・サイクルの本当の力を引き出すのだと思います。

日本企業は、外部環境の変化に振り回されるだけではなく、自ら戦略を描き、インテリジェンスを基盤に迅速かつ強靱に行動できる力を持っていると信じています。「攻め」のアプローチも、裏を返せば現場の知見を集め、社会との間で建設的なコミュニケーションを重ねることで磨かれるものです。

読者の皆さんには、この「インテリジェンス・サイクル」を本気で回すには信頼が不可欠だ」というメッセージを、単なる理屈としてではなく、具体的な組織運営の指針として捉えていただければと思います。部門を超えた情報共有が活発になり、経営判断が加速され、さらには社会やステークホルダーとの対話を通じて企業の新たな可能性が開かれていく――そんな未来を一緒に描けるよう、本書が少しでもお役に立てばこれ以上の喜びはありません。

日本企業にはそれができると信じてやみません。

あとがき

本書を執筆するにあたり、多くの専門家による文献を参考にさせていただいた。

特に、インテリジェンスの巨匠である上田篤盛先生、日本におけるビジネス・インテリジェンスの第一人者である北岡元先生の御著書や論考は、私の思索の礎となった。諸先生方の深い考察があってこそ、本書を世に送り出すことができた。

また、本書の出版に関わってくださった皆様に心より感謝申し上げる。特に、講談社の唐沢暁久様、編集に協力してくださった田中圭太郎様には、多大なるご尽力をいただいた。そして何よりも、妻をはじめとする家族の支えがあったからこそ、本書を完成させることができた。

取材に応じて下さった北島純教授、株式会社ポリフレクトの宮田洋輔様、橋本諭様、そして某アドバイザリーのお二人に厚く御礼申し上げたい。皆様から得た示唆は、本書にとって欠かせないものであった。

私は、専門家の先生方の深い考察を礎としながら、企業における経済安全保障室の設計や機能強化のアドバイザリー業務を通じて、企業インテリジェンスの実態とその未来について考察を重ねてきた。その現場で見えてきたものは、意外にも、人間味あふれる課題であった。本書の中心テーマともなったが、それはきわめて基本的でありながら、同時に新たな発見でもあった。

日本企業は、しばしば評価が低く見積もられがちである。しかし、日本企業はこれからも強くあり続けなければならない。そのためにこそ、インテリジェンスの概念を適切に導入し、さらなる発展を遂げることを期待する。

日本企業の未来のために。

二〇二五年二月

稲村　悠

参考文献

北岡 元『ビジネス・インテリジェンス――未来を予想するシナリオ分析の技法』東洋経済新報社（２００９）
北岡 元『インテリジェンスの歴史』慶應義塾大学出版会（２００６）
北岡 元『ネクスト・インテリジェンス――高度情報化時代の「利益を実現する知識」』慶應義塾大学出版会（２０２４）
上田篤盛『戦略的インテリジェンス入門』並木書房（２０１６）
上田篤盛『武器になる情報分析力――インテリジェンス実技マニュアル』並木書房（２０１９）
小谷 賢『インテリジェンス：国家・組織は情報をいかに扱うべきか』ちくま学芸文庫（２０１２）
小谷 賢『日本インテリジェンス史――旧日本軍から公安、内調、ＮＳＣまで』中公新書（２０２２）
小林良樹『なぜ、インテリジェンスは必要なのか』慶應義塾大学出版会（２０２１）
国際文化会館地経学研究所『経済安全保障とは何か』東洋経済新報社（２０２４）
布施 哲『日本企業のための経済安全保障』ＰＨＰ新書（２０２４）
岸良裕司『いまあなたに必要なのは答えじゃない。問いの力だ。』第１版　Ｇｏｌｄｒａｔｔ（２０２３）
安斎勇樹、塩瀬隆之『問いのデザイン：創造的対話のファシリテーション』学芸出版社（２０２０）
Mark M. Lowenthal "Intelligence: From Secrets to Policy" Cq Pr; 第8版（2019）
Sherman Kent "Strategic Intelligence for American World Policy" Princeton University Press (December 8, 2015)

付録 1

インテリジェンスにおける情報取扱適格性チェックリスト

対象

・新しくインテリジェンス担当部門に配属された社員（中途採用・新卒・異動者など）

・以下のチェックリストを用いて、業務開始前に「概念の理解度」や「実践可能性」を確認

採点基準（推奨）

・5点方式（5＝非常に優れている／4＝十分できる／3＝合格ライン／2＝要改善／1＝まったくできていない）

合格ライン例

・項目ごとに3（合格ライン）以上ならOKとする

・全項目平均が3.5以上で「担当者として期待水準に達している」など、組織ポリシーに応じて基準を設定

Need To Know

A. 機密度合いの把握・理解

No.	質問	イメージ例	採点基準例（5段階）
A1	機密情報のレベル分け（社外秘／機密／極秘等）を正しく理解しているか	例：経済安全保障に関連する内部資料（「極秘」指定）を扱う際、誤って一般社員も閲覧できるフォルダにアップロードした。あなたはどう対処するか	5＝レベル区分を熟知し、リカバリー手順（アクセス権遮断）もすぐに実施できる 3＝概念自体は理解しているが、リカバリー手順を模索するのに時間がかかる 1＝区分不明、具体的対処策がわからない
A2	自分が扱う情報がどのレベルの機密か、都度判断できるか	例：日常業務で取り扱う資料を見て「この資料には競合分析が含まれるが顧客情報はないからAレベル機密」など、適切に分類できるか	5＝根拠を持って即座に分類可能、かつ上長の確認を必要とする際の手続きも把握 3＝大枠はわかるが曖昧なケースで戸惑いがち 1＝いつも判断を他者任せ
A3	情報取扱ルール	例：協力企業との打	5＝契約内容を読み込み、開

	(NDA、社内規程等) を読み込み、遵守できるか	ち合わせでNDAを交わしているが、議事録を社内ポータルに全公開してしまった。これはルール違反ではないか	示範囲を考慮して、常に行動できる 3 = 概念は理解するが、具体的事例でグレーゾーン対応に不安 1 = 「知らなかった」で済ませる傾向が強い

B. アクセス範囲の適正化

No.	質問	イメージ例	採点基準例（5段階）
B1	誰が何の目的で情報を必要としているかを常に意識し、無闇に共有しないか	例：先輩から「面白そうだからそのレポートを見せて」と言われたが、先輩がプロジェクト外であれば権限がない可能性がある。この場合どう対応するか	5 = 正当性を確認し、不要な共有は断りつつも説明できる 3 = 基本的に了承するが、NGの場合に上長へ相談して判断 1 = 断ることを恐れ、必要性を考えず流出させがち
B2	自分がアクセス権限を持っている情報でも、「本当に必要な範囲だけ」を閲覧する姿勢があるか	例：共同プロジェクト用フォルダに大量の情報があるが、自分の担当とは無関係な他国支社の人事データを興味本位で覗き見てしまった。セキュリティインシデントに発展するか	5 = 必要範囲に限る原則を徹底、興味本位で見ない 3 = ときどき見てしまうが意図的には持ち出さない 1 = 「アクセス権限があるからOK」と考え、何でも読んでしまう
B3	外部への情報提供時に公開範囲や再配布可否を明確化し、受け手にも守秘義務を説明しているか	例：ビジネスパートナーへ経済安全保障に関する機密レポートを渡す際「このレポートは社内限りでお願いします。再配布は弊社の許可が必要です」と明示できるか	5 = 配布時に文書や口頭で注意喚起を徹底、NDA関係をきちんと確認 3 = 基本方針は理解しているが、新規パートナーが増えると管理が曖昧 1 = 渡すだけ渡して注意喚起しない

C. 漏洩リスクとセキュリティ意識

No.	質問	イメージ例	採点基準例（5段階）
C1	情報漏洩が起きた場合、企業にどんなダメージがあるか具体的に認識しているか	例：株価下落、競合に技術情報を盗まれてシェア喪失、顧客情報流出による社会的信用失墜などをシミュレートできるか	5＝事例を挙げてリスクをリアルに説明できる 3＝概念的には理解しているが、金銭的影響など細部はピンときていない 1＝「大したことないだろう」と軽視する
C2	機密メール送信時のアドレス誤りや物理セキュリティへの油断を極力避けているか	例：宛先が似ている別部署宛に誤送信したが気づかず、翌日その相手が「知らないはずの機密」を知っている、と発覚した。どうリカバリーするか	5＝二重三重のチェックを行い、万一の時の連絡・削除要請なども迅速 3＝チェックはするが忙しいときは漏れがち 1＝誤送信やオープン棚に放置していても危機感が乏しい
C3	物理的セキュリティ（書類管理、机上クリア、PCロック等）を徹底できているか	例：机に印刷したレポートを放置したまま退社し、翌朝出社すると外部清掃員にそれを見られた可能性がある。何が起こりうるか	5＝日常的に施錠やシュレッダー処理などを行い、リスクを最小化 3＝自分はそこそこ守れているが、他人のミスに寛容で注意を促さない 1＝あまり意識せず放置、ルールを知らない

D. 定期的見直しと改善

No.	質問	イメージ例	採点基準例（5段階）
D1	自分のアクセス権限やフォルダ閲覧権限を必要に応じて更新・見直す姿勢があるか	例：プロジェクト終了後も続けて同じフォルダにアクセス可能だが、もう不要なら外してもらうよう依頼する、などポジティブに動けるか	5＝自発的に権限削除等を申し出、権限を棚卸しする 3＝指示がなければ放置 1＝全く気にせず過剰権限を持ち続ける
D2	Need To Know原則で共有範囲が不要に広がっ	例：プロジェクト初期に設定した「全社員閲覧OK」設定が、	5＝定期的に全体権限をレビューし、リスクを下げる提案も行う

	ていないか見直す習慣があるか	そのままになっているのを再確認する習慣があるか	3＝気づいたら声をかけるが主体的にはあまり動かない 1＝気づいても面倒で放置
D3	他部門や同僚が誤った情報管理をしている場合、適切に助言やエスカレーションができるか	例：隣のチームが極秘ファイルを社内SNSにアップロードしているのを見つけたらどう行動するか	5＝状況に応じた最適なアクションをスピーディに取り、再発防止策も提案 3＝報告だけはするが対策は他人任せ 1＝見て見ぬふりをしてしまう

How To Share

E. 共有チャネル・媒体の選択

No.	質問	イメージ例	採点基準例（5段階）
E1	機密度に応じたチャネル選択ができるか	例：極秘情報は暗号化メールか特定フォルダ使用、一方で一般社員向け通達はイントラ掲示板など使い分けられるか	5＝全チャネルの特徴を把握、状況に合わせて最適化できる 3＝いくつかのツールしか使えず、複雑な設定を敬遠 1＝「とりあえずメール一斉送信」で済ませる
E2	対面や電話共有の際も、周囲の人間や場所を配慮して機密維持できるか	例：カフェで同僚と打ち合わせ中に機密話題を口に出してしまう。そばの席に競合企業の人間がいるかもしれないなど気を配れるか	5＝場所をあらかじめ選定し、他人に聞かれるリスクを減らす 3＝ときどきうっかり話してしまうがすぐ注意 1＝カジュアルに何でもしゃべってしまい、周囲への配慮が皆無
E3	社外への報告はNDAやセキュリティ要件を遵守し、配布物（紙／電子）の管理も徹底できるか	例：外部委託先に報告書を送る際、印刷物なら回収方法を定め、電子ならアクセス期限やパスワードを設定するなど配慮できるか	5＝契約内容を把握し、期限やライセンスの指定など事前に徹底 3＝最低限はやるが相手任せの面も 1＝無造作に送付し、再利用や再配布を制限しない

F. 伝達手段の安全性・効率性

No.	質問	イメージ例	採点基準例（5段階）
F1	パスワード保護や暗号化など、セキュリティツールの使用に習熟しているか	例：外部には暗号化ZIPファイルとパスワード別送を徹底、社内にはクラウド共有で二段階認証を導入するなど配慮できるか	5＝ツールを使いこなし、安全性と利便性を両立するノウハウあり 3＝基本的には使えるが新しいツール導入に慎重 1＝ツールや設定が面倒で回避しがち
F2	個人端末やSNSを利用する際にリスクを十分考慮できるか	例：緊急連絡でLINEを使ったが、上長は「セキュリティはどうなっている？」と懸念した。正しく説明・対処できるか	5＝SNS利用時の暗号化レベルや禁止事項を熟知、会社ポリシーに従う 3＝ややルーズだが必要に応じSNSを使ってしまう 1＝漏洩リスクを全く考えない
F3	メールのCC／BCCや共有フォルダのアクセス権限設定など、細かな調整を自主的に行えるか	例：上司Aだけに見せたい情報をうっかり同僚BにもCCしてしまうミスを防ぎ、フォルダ権限を最小限で割り振る意識があるか	5＝日常的に配信リストを慎重に作成、設定変更も素早く対応 3＝だいたい問題ないがときどき誤送信 1＝「面倒だから全社共有」で済ませるため誤送信が多発

G. フォーマットの工夫

No.	質問	イメージ例	採点基準例（5段階）
G1	読み手が短時間で要点を把握できる構成・フォーマットを作成できるか	例：忙しい役員用にA4一枚サマリーを作り、詳細は別添資料にまとめるなど、二段構成で資料を用意できるか	5＝結論先行型の資料作成が得意、読み手に合わせた分量と見やすいレイアウト 3＝それなりにできるが、ときどき冗長になる 1＝何でも長文で書き殴り、要点が埋もれる
G2	図表やインフォグラフィックスで複雑な情報を視覚的に整理で	例：地政学リスクのマップや競合分析チャート、サプライチェーンのフロー図な	5＝視覚化ツールを駆使し、プレゼン資料で高評価を得られる 3＝エクセルグラフ程度は使

	きるか	どを作り、一目で概要を理解できるデザインが作成できるか	えるが凝った可視化は苦手 1＝テキストベースで済ませてしまう
G3	経営層・現場など、受け手によって〝深度〟を差別化できるか	例：現場には具体的な手順や数値データを示し、役員には要点と意思決定に関わるインパクトを強調するなどの配慮ができるか	5＝複数バージョンを用意し、相手ごとのニーズを踏まえて最適化 3＝単一レポートを使い回すが部分的に調整 1＝常に同じフォーマットで、相手が読めないのは相手の問題と考える

H. フィードバック経路の確保

No.	質問	イメージ例	採点基準例（5段階）
H1	共有した情報に対する疑問や追加要望が出た際、速やかに応答して情報を補える仕組みがあるか	例：役員から「先日のレポートにあった競合Aの業績予測、もう少し直近データが欲しい」と連絡が来た場合、すぐ対応策を伝えられるか	5＝問い合わせ窓口を明確にし、外出先でも素早く追加データを検索 3＝対応はするが他部門に頼りがち 1＝問い合わせに気づかず放置、タイミングを逃す
H2	情報更新や修正が必要になったとき、誰にどう周知するかのフローが明確に設計されているか	例：地政学リスク報告を1週間後に更新したが、以前の古いバージョンを使った意思決定がなされてしまった。どうすべきだったか	5＝アップデート時に関係者リストへ必ず告知し、バージョン管理を徹底 3＝更新連絡はするが相手が見逃すこともある 1＝更新しても誰にも周知せず、古い情報が氾濫
H3	成果物の活用状況や効果を後日レビューし、次回以降の改良につなげるプロセスを回しているか	例：分析レポートが会議でどう使われたか、不足点は何だったかヒアリングし、次のサイクルで活かせるようになっているか	5＝毎回ヒアリングを行い、レポート改善に反映 3＝大きな不満がない限りそのまま 1＝作りっぱなしで、成果検証せずに放置

Need To Share

I. 情報共有の意識と積極性

No.	質問	イメージ例	採点基準例（5段階）
I1	発見した有益情報を「自分だけ」で保持せず、関係部署に伝える意識があるか	例：自社の海外駐在員が撮った写真から重要なインフラ変化がわかったが、自分の分析にだけ使い、他チームへは知らせなかったことはあるか	5＝有用性を見極め、関連チームに積極提案する 3＝聞かれれば共有するが自発的にはしない 1＝「自分の手柄にしたい」という思考が強く共有しない
I2	企業全体のメリットを優先し、自己部門の利益に固執せず情報を開示できるか	例：他部署が新規市場開拓を検討しており、当部門の持つ競合分析資料が役立ちそうだが、部門予算を確保するため開示したくないという意識が残っているか	5＝企業全体の戦略を考慮し積極的に提供、調整も行う 3＝部門長次第で方針が変わる 1＝自部門のメリットを最優先し、積極的に非協力を選ぶ
I3	社内外の担当者が情報の価値に気づいていない場合でも、勧奨や提案を行っているか	例：IT技術情報を現場の製造部門はわからないだろうと思い込み共有しなかった。実は製造部門の効率化に応用できたかもしれないが機会を逃したことはあるか	5＝相手を問わず「こういう情報があれば貢献できるかも」と視点を広げる 3＝自分からはあまり提案しないが、要望があれば対応 1＝部門外には使えないと勝手に決めつける

J. 共有すべき情報の見極め

No.	質問	イメージ例	採点基準例（5段階）
J1	機密情報でも「経営上、全社に共有したほうがいい」と判断されるケースを適切に摑めるか	例：新たな法規制が業務全体に大きく影響する場合、社外秘でも全社員が概要を知っているべきと考えるか	5＝価値とリスクを秤にかけ、共有メリットが勝るなら提案できる 3＝判断に迷うときは上長に丸投げ 1＝原則として外には出さないスタンスで思考停止

J2	Need To KnowとNeed To Shareの境界を適切に管理し、無用な漏洩や情報不足を回避できるか	例：株価に大きく影響を与えうる経営戦略が含まれるが、開発チームにも部分的には共有してやる気向上を図りたい……。具体的にどう情報を線引きするべきか	5＝範囲や重要箇所を的確に伏せつつ必要部のみ共有 3＝どこまで出していいか慎重になりすぎて結果的に情報不足が発生 1＝線引きができず混乱、両者のメリットを得られない
J3	自部門のメリットや政治的思惑で情報をブロックしたり、過度に開示したりしないか	例：取り扱う情報が自分の評価に影響しそうなので、あえて必要部署への共有を遅らせるべきか	5＝客観性を保ち、企業全体最適で判断 3＝ときどき打算で動くが、大きなトラブルにならない程度 1＝自己保身・パワーゲームのため情報操作をしがち

K. 情報の受け手を増やすための工夫

No.	質問	イメージ例	採点基準例（5段階）
K1	イントラネットやナレッジベースなどの仕組みを整備し、アクセスしやすくしているか	例：クラウドベースの社内ライブラリに作成した報告書をアップロードし、タグ付けや検索機能を整備して、部署を超えて活用しやすくするなどの配慮ができるか	5＝積極的にプラットフォームを活用・整備し、ユーザビリティを高めている 3＝とりあえず資料をアップするだけで整備はMinimal 1＝自PCローカルに保存し、他人が見つけにくい状況
K2	他部署が「こんな情報が欲しい」と言ったら、積極的に追加調査や既存ストックを提供できる姿勢があるか	例：営業部から「競合企業の輸出入動向を知りたい」と依頼がきたら、在庫レポートを探し、もしくは新規分析を提案するなどの協力ができるか	5＝対応が迅速で、次の仮説も提示するなどプラスアルファの成果 3＝言われたことはこなすが、自発的にアイデアは出さない 1＝面倒な作業を避けがちで動きが遅く不満が出る
K3	相手が情報価値に気づいていない場合も〝提案〟という形で	例：サプライチェーン担当がリスク評価レポートを知らないので教えたら、想定	5＝各部門が見落としているインサイトを積極アプローチで提案 3＝聞かれれば出すが自分か

	周知し、企業全体の知見を高めようとするか	外に大きなコスト削減が可能になった……といった事例が発覚した時にどうするか	らはあまり営業しない 1＝「興味がないなら別にいい」と潜在的機会を放置

L. 不要な情報の押し付け防止

No.	質問	イメージ例	採点基準例（5段階）
L1	「情報の洪水」を起こさず、必要な部分だけ抽出して共有するスキルがあるか	例：上司に見せたいデータが1GB以上のログだが、相手にはダイジェストだけ渡し詳細はリンク先で参照できるようにしたことは良い判断か	5＝サマリーと詳細を分け、相手の時間を尊重 3＝念のため多めに情報を送る 1＝とりあえず全部送る
L2	一斉メール送信や全社への共有が本当に必要か検討し、社内でスパム化しないよう配慮できるか	例：イベント告知や、特定のプロジェクトだけに必要な情報を全社員へ配信するのではなく、関係者に限定して負荷を減らすべきか	5＝全体メールは最終手段とし、ターゲットを極力絞る 3＝漠然と全体周知するが問題化するほどではない 1＝何でも全社員メールを使い、迷惑クレームが多い
L3	相手が欲しいものとは異なる枝葉情報を大量に渡して混乱させる行為を避けられるか	例：経営陣は「A国の政治リスク」を知りたいのに、B国のデータや古い参考文献まで一括送付され読めない……という混乱を生じさせていないか	5＝相手の情報要求を細かく確認し、不要情報を除く姿勢 3＝雑多な資料を渡すが、まとめファイルを添える 1＝関係のないデータを丸ごと送って相手を萎えさせる

付録 2

「意思決定者」と「インテリジェンス担当者」のそれぞれに求められる能力を、より細分化したレーダーチャートとして示します。

意思決定者向けレーダーチャート

1　問いを立てる力
　経営の現場で批判的思考を持ち、「いま何を知る必要があるのか」「いつまでにどれほどの精度を求めるか」を具体化し、的確な情報要求を設定する能力
2　インテリジェンスの理解力
　インテリジェンス担当者から提供されたインテリジェンスを速やかに且つ深く理解する能力
3　判断スピード
　インテリジェンスを受け、経営判断に素早く反映する力
4　リーダーシップ
　インテリジェンス文化を会社全体に広げ、現場が〝問い〟や〝気づき〟を自主的に発信できる風土を作る力
5　セキュリティリテラシー
　情報漏洩防止や法令遵守に欠かせない基本的知識と姿勢

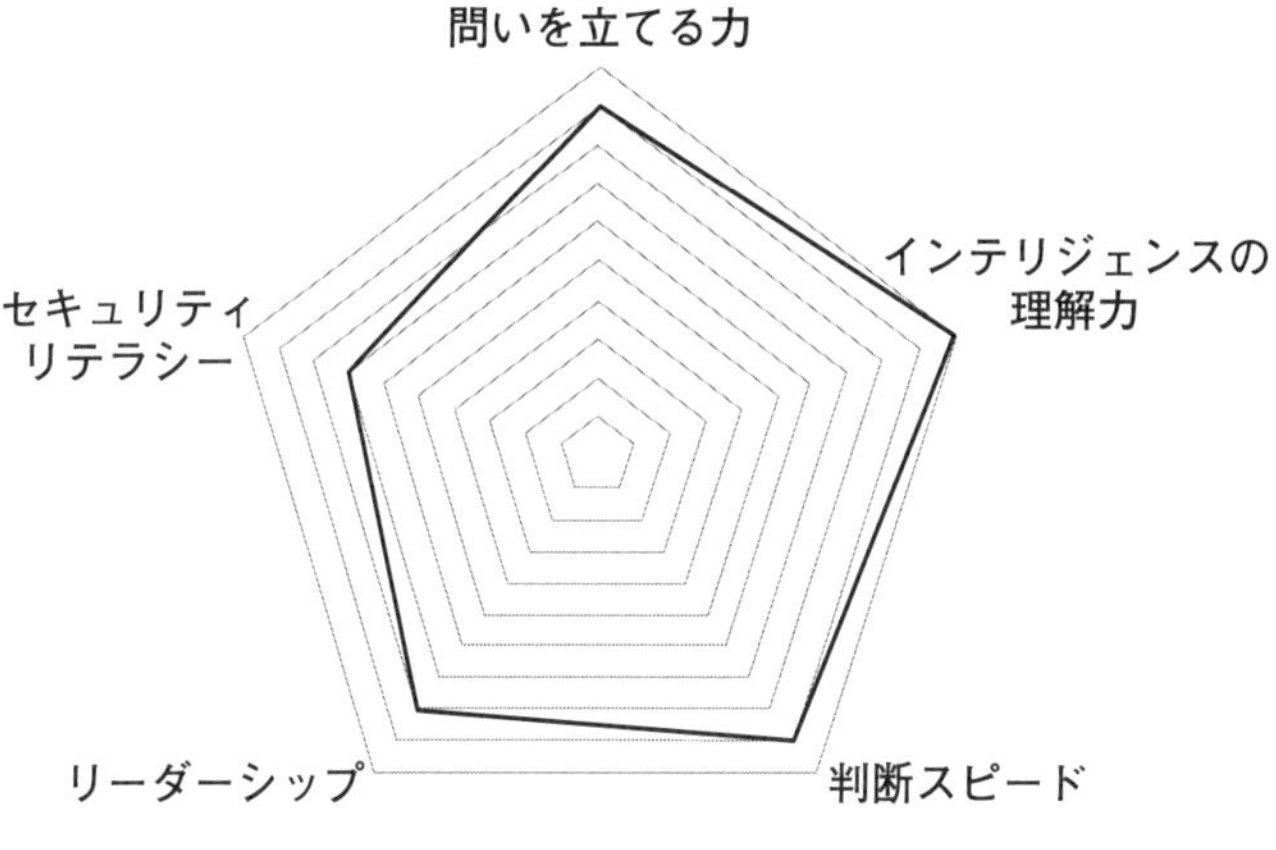

インテリジェンス担当者向けレーダーチャート

1　情報収集力
オープンソース情報（OSINT）、専門家・取材（HUMINT）、企業間連携（COLLINT）など多彩なチャネルで必要情報を取得する能力
2　分析能力
集めたデータを単に整理するだけでなく、批判的思考を持ち、〝何がポイントか〟を経営判断に役立つ形で「示唆」として提示する力
3　Need To Know／Need To Shareのバランス管理
インテリジェンス担当者自身が機密度を把握し、無闇に情報を拡散しない（Need To Know）一方、必要な部門には適切に共有（Need To Share）する調整力
4　コミュニケーション（How To Share）
成果物や調査結果を「誰に」「どの手段で」「どれくらいの詳細度で」提供するか、最適な共有方法を考える能力
5　セキュリティリテラシー
情報漏洩防止や法令遵守に欠かせない基本的知識と姿勢

稲村 悠

Fortis Intelligence Advisory株式会社代表取締役、(一社)日本カウンターインテリジェンス協会代表理事、外交・安全保障オンラインアカデミー「OASIS」講師。1984年生まれ。東京都出身。大学卒業後、警視庁に入庁。刑事課勤務を経て公安部捜査官として諜報活動の捜査や情報収集に従事した経験を持つ。警視庁退職後は、不正調査業界で活躍し、大手コンサルティングファーム(Big4)にて経済安全保障・地政学リスク対応に従事。その後、Fortis Intelligence Advisory株式会社を設立。BCG出身者と共に、経済安全保障法務の専門家などと連携しながら経済安全保障対応や技術情報管理、企業におけるインテリジェンス機能構築などのアドバイザリーを行う。また、(一社)日本カウンターインテリジェンス協会を通じて、スパイやヒューミントの手法研究を行いながら、官公庁(防衛省等)や自治体、企業向けへの諜報活動やサイバー攻撃に関する警鐘活動を行う。メディア実績多数。著書に『元公安捜査官が教える「本音」「嘘」「秘密」を引き出す技術』(WAVE出版)、『防諜論』(育鵬社)。

講談社+α《プラスアルファ》新書　886-1 C

企業《きぎょう》インテリジェンス

組織を導く戦略的思考法

稲村《いなむら》 悠《ゆう》

2025年4月1日第1刷発行

発行者——— **篠木和久**

発行所——— **株式会社 講談社**

東京都文京区音羽2-12-21 〒112-8001
電話 編集(03)5395-3522
販売(03)5395-5817
業務(03)5395-3615

デザイン——— **鈴木成一デザイン室**

編集協力——— **田中圭太郎**

カバー印刷——— **共同印刷株式会社**

印刷——— **株式会社KPSプロダクツ**

製本——— **牧製本印刷株式会社**

KODANSHA

定価はカバーに表示してあります。

落丁本・乱丁本は購入書店名を明記のうえ、小社業務あてにお送りください。

送料は小社負担にてお取り替えします。

なお、この本の内容についてのお問い合わせは第一事業本部企画部「+α新書」あてにお願いいたします。


ISBN978-4-06-535999-0

講談社+α新書

世界の賢人12人が見た ウクライナの未来 プーチンの運命
クーリエ・ジャポン編
ハラリ、ピケティ、ソロスなど賢人12人が、戦争の行方とその後の世界を多角的に分析する
990円 852-1 C

「正しい戦争」は本当にあるのか
藤原帰一
核兵器の使用までちらつかせる独裁者に世界はどう対処するのか。当代随一の知性が読み解く
990円 853-1 C

絶対悲観主義
楠木 建
巷に溢れる、成功の呪縛から自由になる。フツーの人のための、厳しいようで緩い仕事の哲学
990円 854-1 C

人間ってなんだ
鴻上尚史
「人とつきあうのが仕事」の演出家が、現場で格闘しながらずっと考えてきた「人間」のあれこれ
968円 855-1 C

人生ってなんだ
鴻上尚史
たくさんの人生を見て、修羅場を知る演出家が考えた。人生は、割り切れないからおもしろい
968円 855-2 C

世間ってなんだ
鴻上尚史
中途半端に壊れ続ける世間の中で、私たちはどう生きるのか？ ヒントが見つかる39の物語
990円 855-3 C

奇跡の小売り王国 「北海道企業」はなぜ強いのか
浜中 淳
ニトリ、ツルハ、DCMホーマックなど、北海道企業が各業界のトップに躍進した理由を明かす
1320円 856-1 C

その働き方、あと何年できますか？
木暮太一
ゴールを失った時代に、お金、スキル、自己実現を手にするための働き方の新ルールを提案
968円 857-1 C

脂肪を落としたければ、食べる時間を変えなさい
柴田重信
肥満もメタボも寄せつけない！ 時間栄養学が教える3つの実践法が健康も生き方も変える
968円 858-1 B

2002年、「奇跡の名車」フェアレディZはこうして復活した
湯川伸次郎
かつて日産の「V字回復」を牽引した男がフェアレディZの劇的な復活劇をはじめて語る！
990円 859-1 C

世界で最初に飢えるのは日本 食の安全保障をどう守るか
鈴木宣弘
人口の六割が餓死し、三食イモの時代が迫る。農政、生産者、消費者それぞれにできること
990円 860-1 C

表示価格はすべて税込価格（税10％）です。価格は変更することがあります

講談社＋α新書

書名	著者	内容	価格	番号
1日3分！ 血圧と血糖値を下げたいなら血管を鍛えなさい	加藤雅俊	血管は筋肉です！ つまり、鍛えることができます。鍛えるための画期的な体操を紹介します	968円	871-2 B
この間取り、ここが問題です！	船渡亮	間取りで人生は大きく変わる！ 一見よさそうな間取りに隠された「暮らしにくさ」とは!?	1034円	872-1 D
俺たちはどう生きるか 現代ヤクザのカネ、女、辞め時	尾島正洋	スマホも、銀行口座も持てないのになぜヤクザを続けるのか。新たなシノギと、リアルな本音	990円	873-1 C
国民は知らない「食料危機」と「財務省」の不適切な関係	鈴木宣弘 森永卓郎	日本人のほとんどが飢え死にしかねない国家的危機、それを放置する「霞が関」の大罪！	990円	860-2 C
世界の賢人と語る「資本主義の先」	井手壮平	経済成長神話、格差、温暖化、少子化と教育、限界の社会システムをアップデートする！	990円	874-1 C
健診結果の読み方 気にしたほうがいい数値、気にしなくていい項目	永田宏	血圧、尿酸値は知っていても、HDLやASTの意味が分からない人へ。健診の項目別に解説	990円	875-1 B
なぜ80年代映画は私たちを熱狂させたのか	伊藤彰彦	草刈正雄、松田優作、吉川晃司、高倉健、内田裕也……制作陣が初めて明かすその素顔とは？	1100円	876-1 D
刑事捜査の最前線	甲斐竜一朗	「防カメ」、DNA、汚職から取り調べの今、「トクリュウ」まで。刑事捜査の最前線に迫る	990円	877-1 C
コカ・コーラを日本一売った男の学びの営業日誌	山岡彰彦	Fランク大出身、やる気もないダメ新人が、セールス日本一を達成した机上では学べない知恵	990円	878-1 C
政権変容論	橋下徹	自民党も野党もNO！ 国民が真に求めているのは、カネにクリーンな政治への「政権変容」だ	1000円	879-1 C
「エブリシング・バブル」リスクの深層 日本経済復活のシナリオ	エミン・ユルマズ 永濱利廣	日本株はどこまで上がるか？ インフレに私たちは耐えられるのか？ 生き抜くための知恵！	990円	880-1 C

表示価格はすべて税込価格（税10％）です。価格は変更することがあります